Elena Scherschneva-Koller

Postsowjetische Organisierte Kriminalität

Bekämpfung der "Vory v zakone" in Österreich

Bachelor + Master
Publishing

Scherschneva-Koller, Elena: Postsowjetische Organisierte Kriminalität - Bekämpfung der "Vory v zakone" in Österreich, Hamburg, Diplomica Verlag GmbH 2012
Originaltitel der Abschlussarbeit: Diebe im Gesetz · Bekämpfung postsowjetischer organisierter Kriminalität in Österreich

ISBN: 978-3-86341-217-3
Druck: Bachelor + Master Publishing, ein Imprint der Diplomica® Verlag GmbH, Hamburg, 2012
Zugl. Johannes Kepler Universität Linz, Linz, Österreich, Diplomarbeit, Dezember 2010

Bibliografische Information der Deutschen Nationalbibliothek:
Die Deutsche Nationalbibliothek verzeichnet diese Publikation in der Deutschen Nationalbibliografie; detaillierte bibliografische Daten sind im Internet über http://dnb.d-nb.de abrufbar.

Die digitale Ausgabe (eBook-Ausgabe) dieses Titels trägt die ISBN 978-3-86341-717-8 und kann über den Handel oder den Verlag bezogen werden.

Inhaltsverzeichnis

Abkürzungsverzeichnis

Abb	Abbildung
Abs	Absatz/Absätze
Art	Artikel
.BK	Bundeskriminalamt
BM.I	Bundesministerium für Inneres
DSG 2000	Datenschutzgesetz 2000
etc	et cetera
EMRK	Konvention zum Schutze der Menschenrechte und Grundfreiheiten
EU	Europäische Union
GULag	russisch: Glawnoje Uprawlenije Lagerei (Hauptverwaltung der Lager)
idR	in der Regel
iSd	im Sinne des
lit	litera(e)
KGB	Komitee für Staatssicherheit beim Ministerrat der UdSSR
NotifikationsG	Notifikationsgesetz
OK	Organisierte Kriminalität
RICO	Racketeer Influenced and Corrupt Organizations Act
ROK	Russische Organisierte Kriminalität
Rsp	Rechtsprechung
SPG	Sicherheitspolizeigesetz
StA	Staatsanwalt(schaft)
StGB	Strafgesetzbuch
StPO	Strafprozessordnung
TKG	Telekommunikationsgesetz
TKÜ	Telekommunikationsüberwachung
UdSSR	Union der sozialistischen Sowjetrepubliken
UNO	United Nations Organisation
VE	Verdeckter Ermittler
VP	Vertrauensperson
Z	Ziffer(n)

Vorwort

Dieses Thema ist für mich ein besonderes. Aufgrund meiner langjährigen Ermittlungstätigkeit auf ebendiesem Gebiet war es mir ein Anliegen, eine wissenschaftliche Arbeit zu verfassen, die besonders auf jene Probleme eingeht, die sich im Zuge praktischer Ermittlungen im Bereich organisierter Kriminalität ergeben. Ob dies gelungen ist, möge der Leser beurteilen.

Im Zuge dieser Arbeit wurde mir erstmals bewusst, wie viele Personen einen Beitrag dazu leisten, dass Werke dieses Formats zustande kommen können. Sei es bei der Beschaffung von Literatur, bei der Mitteilung wertvoller Erfahrungen, durch wiederholtes Lesen und konstruktive Kritik, aber auch – und das ganz besonders – durch Zuspruch und das Gewähren von Zeit.

Diese ersten Zeilen möchte ich daher an jene Personen richten, die mich tatkräftig beim Verfassen dieser Arbeit unterstützt haben.

Ich danke meinen Kollegen des österreichischen Bundeskriminalamtes – ganz besonders den Ermittlern der Zentralstelle zur Bekämpfung russischer organisierter Kriminalität, aber auch Chefinspektor A. Brunner und Chefinspektor G. Steiner der Geldwäschemeldestelle sowie Kontrollinspektor T. List, für die Inputs, die Literatur und viele gelesene Versionen dieser Arbeit, bis sie endlich in der vorliegenden Form zu Stande kommen konnte.

Danke ebenso jenen Personen, die mich dabei unterstützt haben, dieses Thema auch für Außenstehende begreiflich zu machen. Danke Sabine, Michi und Jutta.

Bei Univ.-Prof. Mag. Dr. Alois Birklbauer bedanke ich mich für die Übernahme der Betreuung, die Offenheit und das Interesse an diesem Thema und das aktive Begleiten auf diesem Weg.

Ganz besonderer Dank gebührt meinem Mann für die fachliche und moralische Unterstützung. Ihm widme ich diese Arbeit.

1 *Einleitung*

Durch die zunehmende Erweiterung der Europäischen Union und des Schengen-Raumes, die damit einhergehende Öffnung der Grenzen und den Wegfall der Personenkontrollen innerhalb der Schengen-Staaten, wird es für Angehörige krimineller Organisationen immer einfacher, ihren Tätigkeitsbereich auszuweiten und dadurch die Organisation zu stärken. Befinden sich Mitglieder einer kriminellen Organisation einmal im Schengen-Bereich, stehen ihnen alle Möglichkeiten der Ortsveränderung offen. Die Chancen auf eine Anhaltung durch die Polizei sind sehr gering, sofern sie nicht zufällig bei der Begehung von Straftaten oder im Zuge von Routinekontrollen ins Blickfeld der Strafverfolgungsbehörden gelangen. Angesichts der gemeinsamen Herkunft und Sprache der Kriminellen, die dadurch eine gute Kommunikations- und Arbeitsbasis haben, sowie der hochgradig ausgeprägten internationalen Vernetzung, wird es für die mit der Bekämpfung dieser Kriminalitätsform betrauten Behörden zunehmend schwieriger den Anforderungen, die diese spezielle Form der Kriminalität mit sich bringt, gerecht zu werden. Insbesondere die schon seit Jahrzehnten ausgeprägte hohe Organisationsform postsowjetischer krimineller Gruppierungen, die sich unter anderem durch mangelndes Unrechtsbewusstsein und nicht vorhandene Akzeptanz des in Europa stark ausgeprägten Rechtsstaates auszeichnet, profitiert von dieser Entwicklung und macht sich die – im Vergleich zu den Heimatstaaten – liberale Gesetzgebung und den hohen Standard der Einhaltung von Menschen- und Beschuldigtenrechten zu Nutze, um die eigene Stärke auszubauen. Wie sich in den letzten Jahren zeigte, ist auch Österreich von dieser Entwicklung nicht ausgenommen. In den Medien wird beinahe täglich von neuen Taten der „Ostmafia" berichtet, wobei darunter in der Regel Kriminelle aus den Staaten der ehemaligen UdSSR zu verstehen sind. Doch was macht die Ostmafia so gefährlich? Gibt es sie tatsächlich? Und wenn ja – wie kämpft der Rechtsstaat dagegen an?

Die vorliegende Diplomarbeit soll die Problematik der Bekämpfung von jenem Teil der so genannten „russischen organisierten Kriminalität" (weiter ROK) beleuchten, welcher von „Dieben im Gesetz" – einer Institution, die mit den Paten der italienischen Mafia vergleichbar ist – angeführt und zusammengehalten wird. Zu diesem Zweck wird nach einleitenden notwendigen Begriffserläuterungen ein Überblick über die Organisations- und Erscheinungsform dieses Phänomens, insbesondere im Hinblick auf dessen Aktivität in Österreich, geschaffen. Auf dieser Basis erfolgt eine Konkretisierung der typischen Probleme im Zusammenhang mit der Bekämpfung, die sich aufgrund der besonderen Struktur dieser Kriminalitätsform ergeben. Diese zeichnet sich insbesondere durch die grenzüberschreitende

Tätigkeit und nach außen kaum erkennbare, jedoch innerhalb der einzelnen Gruppierungen äußerst ausgeprägte, streng hierarchische Organisationsform aus. Weitere Merkmale, welche die Ermittler regelmäßig vor nicht unerhebliche Schwierigkeiten stellen, sind die Zuhilfenahme korrumpierender Methoden sowie die Ausnutzung staatlicher Institutionen zum Schutz von Menschenrechten (so in etwa des „Asyl-Status") und nicht zuletzt die organisationsinterne, international hochgradig ausgebildete Infrastruktur zur Bereitstellung von Reisedokumenten, Wohnraum, Versorgung und Prozesshilfe.

Im Gegensatz zur Aufklärung einzelner Straftaten muss bei der Bekämpfung organisierter Kriminalität der Schwerpunkt auf die Ermittlung der Strukturen, die einer Organisation zu Grunde liegen, gesetzt werden. Das eigentliche Strafverfahren bildet lediglich den Abschluss von – in der Regel jahrelangen – Vorermittlungen.

Aufbauend auf die Grundlage des im Vorfeld Erläuterten sowie mit Hilfe von Interviews mit Ermittlern der Zentralstelle zur Bekämpfung organisierter Kriminalität des österreichischen Bundeskriminalamtes, soll an Hand der geltenden Rechtslage analysiert werden, welche Ermittlungsmethoden sich bei der Ausforschung und Bekämpfung solcher Organisationen als besonders geeignet und wirkungsvoll erwiesen haben, aber auch welche Probleme dennoch ständiger Begleiter der Ermittlungen sind. Dabei soll ein besonderes Augenmerk auf den nunmehr vorverlagerten Beginn des Strafverfahrens und die damit einhergehenden Beschuldigtenrechte, insbesondere das Recht auf Akteneinsicht, unter dem Aspekt der Bekämpfung georgischer krimineller Organisationen gelegt werden. Darüber hinaus sollen die Möglichkeiten umrissen werden, die den Ermittlern im Stadium der Vorfeldermittlungen – insbesondere im Rahmen der Gefahrenerforschung – offenstehen, um die hinter der jeweiligen Organisation eingerichteten Strukturen zu erkennen und erfolgreich zu bekämpfen.

2 Organisierte Kriminalität - Begriffsdefinition

Bevor ich mich dem besonderen Aufbau postsowjetischer organisierter Kriminalitätsformen zuwende, möchte ich den Begriff der organisierten Kriminalität im österreichischen und europäischen Verständnis erläutern. Dabei sei darauf hingewiesen, dass es trotz der globalen Bedeutung dieses Phänomens keine einheitliche internationale Definition gibt. So führt der deutsche Rechtswissenschafter und Publizist *Klaus von Lampe* auf seiner Homepage mehr als 60 unterschiedliche Definitionen der organisierten Kriminalität von Behörden und Buchautoren allein aus den Vereinigten Staaten und über 40 aus den anderen Kontinenten an[1]. Übergreifend wird der Begriff der organisierten Kriminalität von der UNO, der Interpol und dem Europarat definiert[2].

2.1 Österreich: § 278a StGB

Der Tatbestand der kriminellen Organisation ist im § 278a StGB geregelt und lautet wie folgt:

> Wer eine auf längere Zeit angelegte unternehmensähnliche Verbindung einer größeren Zahl von Personen gründet oder sich an einer solchen Verbindung als Mitglied beteiligt (§ 278 Abs 3),
>
> 1. die, wenn auch nicht ausschließlich, auf die wiederkehrende und geplante Begehung schwerwiegender strafbarer Handlungen, die das Leben, die körperliche Unversehrtheit, die Freiheit oder das Vermögen bedrohen, oder schwerwiegender strafbarer Handlungen im Bereich der sexuellen Ausbeutung von Menschen, der Schlepperei oder des unerlaubten Verkehrs mit Kampfmitteln, Kernmaterial und radioaktiven Stoffen, gefährlichen Abfällen, Falschgeld oder Suchtmitteln ausgerichtet ist,
>
> 2. die dadurch eine Bereicherung in großem Umfang oder erheblichen Einfluss auf Politik oder Wirtschaft anstrebt und
>
> 3. die andere zu korrumpieren oder einzuschüchtern oder sich auf besondere Weise gegen Strafverfolgungsmaßnahmen abzuschirmen sucht,
>
> ist mit Freiheitsstrafe von sechs Monaten bis zu fünf Jahren zu bestrafen. § 278 Abs 4 gilt entsprechend.

---

[1] http://www.organized-crime.de/OCDEF1.htm (09.11.2010).
[2] KOM/2005/0232 endg./.

An einer kriminellen Organisation beteiligt sich als Mitglied, wer entsprechend seinem ausdrücklich erklärten oder konkludent zum Ausdruck gebrachten Willen, sich in eine bestehende Organisation mit kriminellen Zielsetzungen auf längere Zeit oder auf Dauer eingliedert und in dieser organisations- oder deliktsbezogen tätig wird, wobei eine bloß fallweise Beteiligung an einzelnen Straftaten oder Handlungsweisen nicht ausreicht[3]. Dabei ist zu beachten, dass eine auf längere Zeit angelegte unternehmensähnliche Verbindung einer größeren Zahl von Personen erst dann zu einer kriminellen Organisation im Sinn des § 278a StGB wird, wenn sie auf die Verwirklichung der in Z 1 bis 3 angeführten Ziele, welche kumulativ – zumindest in den alternativ geforderten Varianten – vorliegen müssen, ausgerichtet ist[4]. Bei der Umschreibung der strafbaren Handlungen, auf deren Begehung die Organisation, wenn auch nicht ausschließlich, ausgerichtet sein muss, verzichtet der Gesetzgeber bewusst auf einen festen Deliktskatalog und stellt stattdessen allgemein auf schwerwiegende Straftaten der im § 278a Z 1 StGB bezeichneten Art ab[5]. Die Schwelle liegt eindeutig über derjenigen der kriminellen Vereinigung iSd § 278 Abs 2 StGB. Bei jenen Delikten, bei denen die Schwere der Tat als Deliktsqualifikation ausdrücklich normiert ist, ergibt sich schon daraus der erheblich über dem Normfall liegende soziale Störwert und damit der Charakter der schwerwiegenden Straftat. Bei den übrigen Straftaten erfolgt die Beurteilung im Einzelfall[6].

2.2 Arbeitsdefinition der Europol

Auf dem Bereich der internationalen Zusammenarbeit zum Zwecke der Bekämpfung organisierter Kriminalität auf EU-Ebene wird das Vorliegen organisierter Kriminalität nach Maßgabe des Dok. 6204/2/97 ENFOPOL 35 REV 2 beurteilt. Das Dokument wurde im Rahmen des Aktionsplans zur Bekämpfung der organisierten Kriminalität, der vom Europäischen Rat auf seiner Tagung am 16. und 17. Juli 1997 in Amsterdam gebilligt wurde[7], erlassen, um einheitliche Richtlinien für die Mitgliedstaaten zu schaffen.

---

[3] OGH 04.06.2002, 12 Os 40/02; 21.10.2008, 15 Os 116/08k; 24.09.2009, 12 Os 124/09s.
[4] OGH 02.05.2007, 13 Os 25/07m; 21.10.2008, 15Os116/08k.
[5] OGH 21.10.2008, 15 Os 116/08k.
[6] Vgl. *Plöchl*, WK[2] § 278a Rz 11.
[7] Vgl. das auf dieser Grundlage erlassene ABl. L 333/1 vom 09.12.1998.

Die Richtlinie zur Erkennung organisierter Kriminalität lautet dabei wie folgt[8]:

> „Um ein Verbrechen oder eine kriminelle Gruppe unter dem Aspekt der organisierten Kriminalität einordnen zu können, müssen mindestens 6 der folgenden Merkmale vorliegen, wobei die Erfüllung der Merkmale mit den Nummern 1, 3, 5 und 11 zwingend ist."
>
> 1. **Ein Zusammenschluss von mehr als 2 Personen**
> 2. mit jeweils eigens zugewiesenem Aufgabenbereich
> 3. **Existenz für einen längeren oder unbestimmten Zeitraum (als Bezeugung des stabilen und potentiell andauernden Zusammenschlusses der Gruppierung)**
> 4. Anwendung einer bestimmten Disziplin und Kontrollform
> 5. **Verdacht der Begehung schwerwiegender krimineller Handlungen**
> 6. Internationaler Tätigkeitsbereich
> 7. Anwendung von Gewalt oder anderer zur Einschüchterung geeigneter Mittel
> 8. Kommerzielle oder unternehmensähnliche Struktur
> 9. Teilnahme an Geldwäscheaktivitäten
> 10. Einflussnahme auf Politik, Medien, öffentliche Verwaltung, Justiz oder Wirtschaft
> 11. **Zweck ist das Streben nach Bereicherung und / oder Macht**

Stellt man dieser Richtlinie den § 278a StGB gegenüber, so ist erkennbar, dass sich die als zwingend vorausgesetzten Merkmale der Europol-Definition, insbesondere der Zusammenschluss Mehrerer, die Ausrichtung auf wiederkehrende Begehung von schwerwiegenden Straftaten über einen längeren Zeitraum sowie das Streben nach politischem Einfluss und wirtschaftlicher Bereicherung, auch in der österreichischen Regelung wiederfinden.

---

[8] freie Übersetzung aus dem Englischen durch den Verfasser.

3 Organisierte Kriminalität des postsowjetischen Einflussbereiches

Kriminelle Gruppierungen aus Russland und den ehemaligen Sowjetstaaten bilden, wie man aus zahlreichen Jahresberichten internationaler auf der strategisch-analytischen Ebene mit der Problematik betrauten Organisationen[9] entnehmen kann, eines der Hauptziele bei der Bekämpfung organisierter Kriminalität. Insgesamt wird der Kampf mit dieser Art von Kriminalität als schwierig eingestuft, da nur wenige dieser Gruppierungen eine homogene ethnische Einheit bilden. Darüber hinaus stellt Europol in einem Jahresbericht fest, dass die ROK Einfluss auf alle EU Mitgliedstaaten in nahezu jedem Bereich der Kriminalität ausübt[10].

Im selben Jahresbericht stellt die EUROPOL fest, dass vorrangig Banden aus Süd- und Osteuropa die organisierte Kriminalität in Österreich dominieren. Dieser Umstand begründet sich insbesondere durch die geografische Lage Österreichs. Des Weiteren wird Österreich als „sicherer Hafen" für russische und italienische Kriminelle beschrieben. Es ist sogar von einer „Unterwanderung" durch Kriminelle aus der ehemaligen Sowjetunion die Rede[11]. Um dieses Phänomen im Hinblick auf die weiteren Ausführungen zu verstehen, ist ein kurzer Blick auf die Entwicklung Russlands und Georgiens in den letzten Jahrzehnten notwendig.

3.1 Entwicklung in der ehemaligen UdSSR

Bereits in der Enquete zur Beschließung des Gesetzes zur Bekämpfung der organisierten Kriminalität in Österreich wird von Univ. Prof. Dr. Helmut *Fuchs* der Zusammenbruch des kommunistischen Systems in Osteuropa als wichtigste Ursache der heutigen Formen der OK angeführt[12].

Tatsächlich ist diese Anmerkung keinesfalls von der Hand zu weisen. In den späten 1980er Jahren langte die wirtschaftliche Lage der Sowjetunion an ihrem Tiefpunkt an. Die von Mihail Gorbatschow versuchte Umstellung von einer Planwirtschaft zu einer Marktwirtschaft und die damit einhergehende Privatisierung von Betrieben, in Kombination mit der nie zuvor da gewesenen Möglichkeit des Eigentumserwerbs, erlaubte kriminellen Gruppierungen Gelder in legale Projekte zu investieren und auf diesem Wege ihre Stellung zu festigen[13]. Die „neu gewonnene Reisefreiheit" und die Möglichkeit auch im Ausland unkontrolliert Ver-

---

[9] So etwa Interpol und Europol, aber auch UNO und OSCE.
[10] Vgl. *Europol,* European Union Organized Crime Report (2004) 9.
[11] Ebd 18.
[12] Vgl. *Fuchs* in Enquete 1995 (1996) 194.
[13] Vgl. *Pühringer*, Die kriminelle Transformation (2006) 56.

mögen zu veranlagen tat ihr Übriges: die frühere sowjetische „Kriminellenszene", insbesondere die Institution der „Diebe im Gesetz", wurde zu einem weltweit wirkenden Syndikat und „der neben dem KGB einzigen funktionsfähigen Institution im ganzen Land"[14].

3.2 Diebe im Gesetz[15]

Für das grundlegende Verständnis der Struktur und der Funktionsweise postsowjetischer krimineller Gruppierungen ist es unerlässlich, den Begriff „Diebe im Gesetz" zu kennen und zu verstehen. Eine detaillierte Betrachtung der Entwicklung dieser Institution wäre jedoch zu umfassend und würde den Rahmen der Arbeit sprengen. Deswegen soll dieser Begriff in seinen Grundzügen nur in jenem Umfang erläutert werden, der erforderlich ist, um den weiteren Ausführungen folgen zu können und die typischen Problemstellungen bei der Bekämpfung postsowjetischer organisierter Kriminalität nachvollziehen zu können.

3.2.1 Entstehung

Überlieferungen zufolge geht der Begriff „Diebe im Gesetz" auf das zaristische Russland zurück. Ein genauer Zeitpunkt oder Ort der Entstehung ist nicht bekannt, wird aber gegen Ende der zwanziger Jahre vermutet[16]. Zu dieser Zeit gingen Behörden dazu über, kriminelle Größen, die über höchstes Ansehen innerhalb der einschlägigen sozialen Strukturen verfügten, heranzuziehen, um die Stimmung innerhalb der staatlichen Gefangenen- und Arbeitslager, der so genannten GULag[17], zu beobachten und zu kontrollieren. Im Gegenzug waren diese kriminellen Autoritäten in der Lage, mit den Aufsehern eine Gesprächs- und Verhandlungsbasis herzustellen und dadurch bessere Bedingungen für alle Inhaftierten, die sich dem Willen der „Diebe" beugten, zu erwirken. In ihrer Funktion als Kontrollorgan sollten die „Diebe" Streitigkeiten und Konflikte schlichten und für Ruhe und Ordnung in den Lagern sorgen. Diese „Schiedsrichterrolle" konnte sich im Laufe der Jahrzehnte auch außerhalb der Haft bewähren und hat auch heute noch als eine der Hauptaufgaben der „Diebe im Gesetz" große Bedeutung[18].

3.2.2 Krönung der „Diebe"

„Diebe im Gesetz" werden nach strengen Kriterien ausgewählt und zu solchen „gekrönt". Der Kandidat durchläuft im Vorbereitungsstadium eine bestimmte „Prüfungszeit". In diesem

---

[14] Vgl. *Shalikashvili*, Diebe im Gesetz (2006) 1.
[15] russ.: wory w zakone, engl.: thiefs in law.
[16] Vgl. *Roth P.E.*, Organisierte Kriminalität in Russland, Kriminalistik 11/2000, 725.
[17] **G**lawnoje **U**prawlenije **Lag**erei.
[18] Vgl. *Skoblikow*, Über kriminelle Traditionen und Normen, Kriminalistik 1/2006, 46 (47).

Beobachtungszeitraum wird insbesondere festgestellt, ob der Anwärter gute Menschenkenntnis, Loyalität und die Fähigkeit, in schwierigen Situationen einen klaren Kopf zu bewahren, hat. Darüber hinaus muss er sein bisheriges Leben im Einklang mit den „Diebesgesetzen"[19] geführt haben. Dies setzt vor allem eine kriminelle Vergangenheit voraus. Der zukünftige „Dieb im Gesetz" muss in seinem Handeln unabhängig und unbeeinflussbar sein und das uneingeschränkte Vertrauen seiner Untergebenen genießen. Ein wesentliches Ausschlusskriterium hingegen, ist etwa die Zusammenarbeit mit staatlichen Organen in der Vergangenheit[20].

Die „Krönung" eines „Diebes im Gesetz", manchmal auch als „Taufe" bezeichnet, ist ein formeller Akt, der in Anwesenheit anderer „Diebe" vorgenommen wird. Ein Kandidat, der bereits sein Leben lang nach den „Diebesgesetzen" lebte, muss die Krönung bei bereits bestehenden „Dieben im Gesetz" beantragen. Alternativ kann auch jemand, der anderen „Dieben" besonders positiv aufgefallen ist, durch diese nominiert werden[21]. Nach einer Abwägung der geleisteten Dienste und einer genauen Betrachtung der Persönlichkeit des Nominierten wird durch einen Senat von mindestens fünf Dieben im Gesetz (vergleichbar mit einem Tribunalgericht) eine Entscheidung getroffen. Von dieser Mindestzahl kann abgegangen werden, sofern die Umstände es nicht anders zulassen (so etwa in der Haft). Der Kandidat muss einen Eid auf die Befolgung der Diebesgesetze leisten und erhält, sofern er noch keinen hat, einen Spitznamen, mit dem er von nun an gerufen wird. Weiters steht es ihm zu, sich besondere Tätowierungen, die ihn als führendes Mitglied der kriminellen Organisation auszeichnen, stechen zu lassen. Die Nachricht über den neuen „Dieb" wird sofort in der kriminellen Unterwelt verbreitet. Ab dem Zeitpunkt der „Krönung" ist der neue „Dieb im Gesetz" mit allen Rechten ausgestattet, unterliegt aber auch allen Pflichten, die ihn in seiner neuen Stellung treffen[22].

Obwohl dem Ursprungsgedanken entsprechend alle „Diebe" im Sinne einer Bruderschaft gleichberechtigt sein sollten und formell den gleichen Status haben, gibt es doch Unterschiede im Status der „gekrönten Diebe". Diese ergeben sich einerseits aus dem Tätigkeits- und Verantwortungsbereich des jeweiligen Diebes, andererseits aus der Größe des „Obschags"[23], dem Einfluss der „Taufpaten" und natürlich auch aus dem Ruf, den der jeweilige Dieb im

---

[19] Nähere Erläuterung in Kapitel 3.2.3.
[20] Vgl. *Shalikashvili*, Diebe 78.
[21] Vgl. *Skoblikow*, Vermögensstreitigkeiten und Schattenjustiz (1991-2001), Kriminalistik 1/2005, 19 (23).

[22] Zusammenfassung unterschiedlicher, bereits zitierter, Quellen.
[23] „Obschag" ist die Bezeichnung für die schwarze Kasse der „Diebe". Nähere Erläuterung in Kapitel 3.2.4.

kriminellen Milieu erworben hat. In diesem Sinne ergeben sich insbesondere Unterschiede zwischen „Dieben", die lediglich regionale Verantwortung haben und solchen, die überregionalen, mitunter sogar weltweiten Einfluss ausüben[24].

Einfluss und Macht der „Diebe" bleiben nicht ohne Folgen. Seit dem Zerfall der Sowjetunion und dem damit verbundenen wirtschaftlich bedingten Aufschwung der Kriminalität finden immer wieder Persönlichkeiten aus dem kriminellen Milieu im Zuge von Revierstreitigkeiten, Machtkämpfen und Rachezügen den Tod. Waren dies früher Kämpfe zwischen Verfechtern der „Diebestraditionen" und autonomen Kriminellen aus Tschetschenien sowie Roma- und Sintigruppen[25], kommt es in den letzten Jahren immer häufiger zu blutigen Auseinandersetzungen zwischen unterschiedlichen Gruppierungen, die der „Diebesidee" verbunden sind. So wurde im Sommer 2009 einer der bekanntesten Diebe im Gesetz, Vyacheslav Ivankov alias „Japonchik" (*Abb. 1*) auf offener Strasse erschossen und erlag schließlich im Oktober 2009 seinen Verletzungen.

Abb. 1

Der „Dieb im Gesetz" Vyacheslav Ivankov alias „Japonchik" war einer der bekanntesten und einflussreichsten „Diebe" der letzten Jahrzehnte. Nach Verbüßung einer langjährigen Haftstrafe in den USA wurde er im Jahr 2007 nach Moskau rücküberstellt, wo er im Sommer 2009 kurz nach seiner Haftentlassung auf offener Straße angeschossen wurde und schließlich seinen Verletzungen erlag.

3.2.3 Das „Diebesgesetz"

Heute ist der „Dieb im Gesetz" ein einzigartiges kriminologisches Phänomen. Einerseits ist er ein professioneller Krimineller, andererseits ein in seiner Umgebung „ehrenwerter Mann", der die Gesellschaft vor willkürlicher krimineller Gewalt beschützt und für „Ordnung" innerhalb der kriminellen Unterwelt sorgt[26]. Um dieses Ansehen zu bewahren, unterwerfen sich „Diebe im Gesetz" und solche, die es werden wollen, einem strengen Ehrenkodex. In sämtlichen

---

[24] Vgl. *Skoblikow*, Kriminalistik 1/2006, 46 (48).
[25] Ebd.
[26] Vgl. *Shalikashvili*, Diebe 10.

durch russische Wissenschafter untersuchten Materialien wird festgehalten, dass die kriminellen „Begriffe" nicht als festes Regelwerk niedergeschrieben sind, sondern von Generation zu Generation weitergegeben werden. Dabei gelten die „gekrönten Diebe" sowie Personen, die sich dem „Diebesgedanken" unterwerfen sowohl als Hüter, als auch als Ausleger der kriminellen Traditionen und Normen[27].

Die einzelnen Punkte des „Diebesgesetzes" sind in den Überlieferungen äußerst unterschiedlich. Dennoch gibt es einige Attribute, bei denen sich die Literatur einig ist. So gilt das Wort eines „Diebes", also die durch ihn ausgesprochene Entscheidung, als verbindlich und ist zu befolgen. „Diebe" müssen mit Respekt behandelt werden und dürfen nicht beschimpft oder geschlagen werden. Die durch die „Diebe" betriebene Gemeinschaftskasse, der so genannte „Obschag" (dazu weiter unten), ist durch regelmäßige Beiträge zu erhalten. Daraus darf kein Geld für persönliche Zwecke entnommen werden. Verstöße gegen das Diebesgesetz werden auf einer Diebesversammlung, einer „Skhodka", vorgebracht. Die Skhodka ist der einzige Ort, an dem Entscheidungen getroffen werden können. Dabei versammeln sich „Diebe", kriminelle Autoritäten und optional auch Anführer anderer, in das jeweilige Thema involvierter, krimineller Gruppierungen[28], um je nach Schwere des Verstoßes, über die Sanktion, die von öffentlichem Tadel bis hin zur Todesstrafe reichen kann, zu entscheiden[29].

3.2.4 Obschag – die Gemeinschaftskasse der „Diebe"

Eine zentrale Rolle im organisatorischen und administrativen Aufbau aller Gruppierungen die der „Diebestradition" verbunden sind, spielt der „Obschag". Diese Gemeinschaftskasse wird nach dem „freiwilligen Zwangsprinzip" gebildet. Öffentlich wird zwar die Freiwilligkeit der Zahlungen verkündet, tatsächlich werden die Mitglieder der Organisation jedoch zu den Zahlungen gezwungen[30].

Ermittler der Zentralstelle zur Bekämpfung organisierter Kriminalität in Österreich gaben der Verfasserin dieser Arbeit im Zuge eines Interviews, soweit es unter Wahrung der Amtsverschwiegenheit möglich war, Einblick in die bisherigen Erkenntnisse betreffend der Finanzierungsabläufe georgischer organisierter Gruppierungen. Demnach werden die aus der Begehung von Straftaten stammenden Gelder nach Maßgabe des hierarchischen Aufbaus der Gruppierung, eingefordert und in weiterer Folge dem für die Gruppierung regional zuständigen Dieb übergeben. Die im „Obschag" befindlichen Mittel werden in weiterer Folge

---

[27] Vgl. *Skoblikow*, Kriminalistik 1/2006, 46 (49).
[28] Vgl. *Roth P.E,* Kriminalistik 11/2000, 725 (725).
[29] Vgl. *Shalikashvili,* Diebe 46.
[30] Vgl. *Skoblikow*, Kriminalistik 1/2006, 46 (51).

aufgeteilt. Ein Teil davon wird an die jeweils nächst höhere Instanz übermittelt, wo wiederum eine Umverteilung stattfindet, bis das Geld schließlich in den „zentralen Obschag" in Russland einfließt, welcher mehrere Hundert Millionen US-Dollar fassen soll[31] und woraus die Finanzierung von Großprojekten wie Unternehmensgründungen, Immobilienerwerb, Bezahlung korrupter Politiker und anderer der Entwicklung der Gruppierung zuträglicher Zwecke, wie auch des internationalen Drogenhandels, erfolgt. Der andere Teil wird verwendet, um hilfsbedürftige Mitglieder der Gruppierung, etwa durch Dotierungen auf Häftlingskonten, Finanzierung von Strafverteidigern, Bezahlung medizinischer Leistungen und sogar Gewährung von verzinsten Krediten, zu unterstützen[32] (*Abb. 2*).

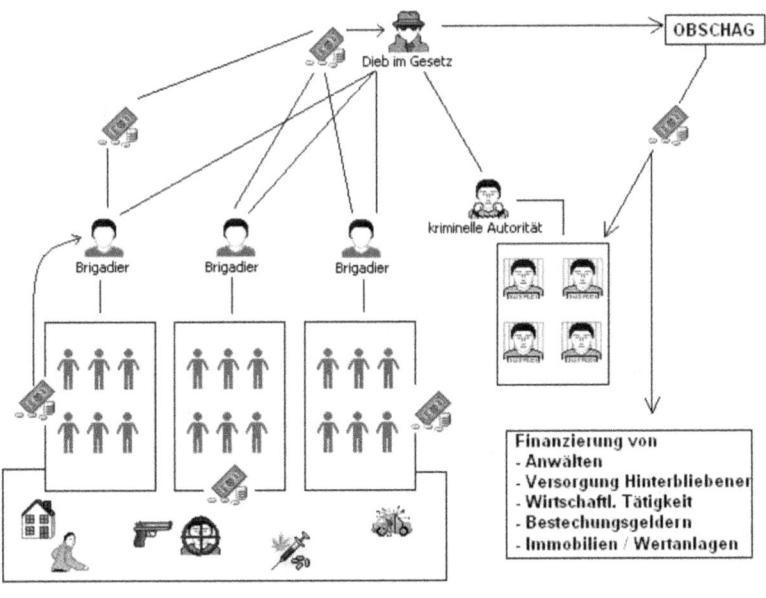

Abb. 2

Zur Führung des „Obschags" und der damit verbundenen Buchhaltung werden vertrauenswürdige Mitglieder auserkoren, wobei ein besonderer Augenmerk darauf gelegt wird, dass die Aufbewahrung des „Obschags" und der dazu gehörenden Aufzeichnungen durch unterschiedliche Personen erfolgt[33].

---

[31] Vgl. *Shalikashvili*, Diebe 34.
[32] Vgl. *Skoblikow*, Kriminalistik 1/2006, 46 (51).
[33] *Shalikashvili*, Diebe 34.

Vergehen, die in Zusammenhang mit dem „Obschag" begangen werden, wie etwa das Verschweigen von Diebsbeute, das Einbehalten von Schutzgeldern oder gar Diebstahl aus dem „Obschag", werden unabhängig von der hierarchischen Stellung der jeweiligen Person hart bestraft. Je nach Umstand, kann im Zuge einer „Skhodka" sogar die Todesstrafe beschlossen werden[34].

Der gemeinsame „Obschag" bildet den Angaben der Ermittler des Bundeskriminalamtes zufolge einen der wenigen Zusammenhänge innerhalb der einzelnen Teilorganisationen sowie der Gruppierungen untereinander, die durch kriminalistische Methoden nachzuweisen sind. Abgesehen davon operiert jede Teilgruppierung für sich autonom. Während die interne Struktur eine streng hierarchische, ja beinahe militärische, ist, treten die einzelnen Mitglieder nach außen hin nicht als Gemeinschaft auf. Auch der verantwortliche „Dieb" kennt nicht alle unter ihm stehenden Mitglieder. Vielmehr verlässt er sich auf seine „Autoritäten" zu denen er ständigen Kontakt hat, um über die Vorgänge innerhalb der Organisation auf dem Laufenden zu sein. Dieser Umstand erschwert die Verfolgung insofern, als die einzelnen „Soldaten" im Falle eines Aufgriffes durch die Behörden keine näheren Angaben zur Struktur der jeweiligen Gruppierung machen können. Persönlich kennen sie in der Regel nur jene Person, die regelmäßig einen Teil der Einkünfte für den „Obschag" einsammelt.

3.3 Lage in Georgien

Die Institution der „Diebe im Gesetz" ist auf dem gesamten postsowjetischen Gebiet anerkannt und vertreten. Der Großteil der „Diebe" kommt jedoch aus dem georgischen Raum. So kam in der Sowjetzeit die Hälfte aller „Diebe im Gesetz" aus Georgien[35]. Dieser Umstand ist wohl darauf zurückzuführen, dass die Georgier, im Unterschied zu den russischen Kriminellen, die Anwendung der Diebesgesetze nicht so streng auslegen. So gibt es etwa in der georgischen Unterwelt bereits 20jährige „Diebe im Gesetz", was unter Russen in der Regel nicht denkbar wäre[36].

Die charismatischen und manipulativen „Diebe" benutzten die dem Begriff zu Grunde liegende Romantik zielgerichtet, um vor allem Jugendliche in die kriminelle Organisation zu locken. Geblendet vom Schein des reichen Lebens in Freiheit wird oft die Kehrseite der

---

[34] Vgl. *Skoblikow*, Kriminalistik 1/2006, 46 (49).
[35] Vgl. *Schmid*, Gnadenlose Brüderschaften: Aufstieg der russischen Mafia (1996) 30.
[36] Vgl. *Shalikashvili*, Diebe 21.

Medaille übersehen. Drogensucht, ansteckende Krankheiten und lange Haftstrafen sind durchaus keine Seltenheit, sondern regelmäßiger Begleiter der Anhänger der „Diebesidee"[37].

Nichts desto trotz war im Georgien der 90er Jahre der Diebesgedanke weittragend und beherrschte die sozialen und politischen Strukturen. So wurde ein „Dieb im Gesetz" – der Georgier Jaba Iosseliani – im Jahr 1990 Regierungsmitglied und im Jahr 1992 Mitglied des georgischen Parlaments und Vertrauter des Staatschefs Eduard Schewarnadze[38]. Iosseliani war führendes Mitglied der paramilitärischen Gruppierung „Mkhedrioni". Eines der Mitglieder dieser Gruppierung, der Georgier David Sanikidze, wurde im Juli 1996 im Zentrum von Wien auf offener Straße ermordet. Seine Ermordung war einer der Auslöser dafür, dass die Problematik der postsowjetischen organisierten Kriminalität auch in Österreich zu einem Thema wurde[39].

Im Jahr 2003 kam es in Georgien zu einem Umbruch. Im Zuge der „Rosenrevolution" wurde Schewarnadze als Staatsoberhaupt verdrängt und seine korrumpierten Strukturen nach und nach zerschlagen[40]. Berichten der georgischen Behörden zufolge wurde ein Großteil jener Mitarbeiter des Innenministeriums, die während der Schewarnadze-Ära am Ruder waren, ausgetauscht. Diejenigen von ihnen, denen Verbindungen zur organisierten Kriminalität nachgewiesen werden konnten, wurden verhaftet und in einem eigens hierfür errichteten Gefängnis des Innenministeriums untergebracht.

Am 01.01.2006 wurde in Georgien ein neues Gesetz, welches im Artikel 223 den Status des „Dieb im Gesetz" unter einen Strafrahmen von sieben bis zehn Jahren stellt, wirksam[41]. Relevant sind darüber hinaus die Artikel 3 und 4 dieses Gesetzes, die einerseits den Begriff „Criminal Circle" als *„group of people, who act in accordance to the rules adopted and acknowledged by themselves and whose purpose is to gain benefit for themselves or for others by threat, intimidation, coercion, rules of silence, criminal dispute resolutions, recruiting young people, committing crime or encouraging to commit crime"* festlegen und andererseits den Begriff „Thief in Law" als *„member of the criminal circle, who by any means leads or governs the activities of the criminal circle in accordance to its rules"* definieren. Dieses Gesetz zielt darauf ab, die Macht der „Diebe" zu reduzieren und ist stark an das amerikanische und italienische Modell, insbesondere an den „Racketeer Influenced and

---

[37] Ebd 82.
[38] Vgl. *Roth P.E.*, Kriminalistik 11/2000, 725.
[39] Vgl. *Pretzner*, Das organisierte Verbrechen (2000) 37.
[40] http://de.wikipedia.org/wiki/Rosenrevolution (09.11.2010).
[41] „the Law of Georgia on Organized Crime and Racketeering Activities".

Corrupt Organizations Act" (RICO), angelehnt, dessen wichtigste Neuerung ebenfalls in der Pönalisierung der Mitgliedschaft in einer krimineller Organisation als solche bestand[42].

Mit dieser Entwicklung fing eine Flucht der „Diebe" aus Georgien an. Die meisten von ihnen verlagerten ihren Tätigkeitsbereich nach Moskau, zumal sie dort den Vorteil der gemeinsamen Sprache hatten und teilweise auch über seit dem Zerfall der Sowjetunion übernommene Infrastruktur wie Casinos, Tankstellen, Märkte oder Restaurants verfügten. Weitere primäre Zielländer der georgischen „Diebe" waren Weißrussland und die Ukraine. Letztere versucht jedoch in den vergangenen Jahren, im Rahmen der geplanten Annäherung an die EU, Herr über die zweifellos vorhandene Korruption zu werden. Deswegen und auch wegen der guten Beziehung zu Georgien fanden dort einige Festnahmen und Auslieferungen auf Grund von internationalen Haftbefehlen statt. So rückt, nach Angabe der Ermittler des Bundeskriminalamtes, vor allem für die jüngere Generation der „Diebe" und ihrer Anhänger Westeuropa immer mehr in den Mittelpunkt der Interessen.

Österreich hat in diesem Zusammenhang sowohl eine strategisch gute Lage als auch eine Gesetzeslage, die den Kriminellen sehr entgegenkommt. Die medizinische Versorgung ist eine sehr gute, die Haftstrafen sind im Vergleich zu den Ländern der ehemaligen Sowjetunion gering und die Verhältnisse in der Haft ausgesprochen angenehm. So wird etwa im russischsprachigen Internet, Werbung für das Justizzentrum Leoben als „Das österreichische fünf-Sterne Gefängnis" gemacht (*Abb. 3*)[43]. In verschiedenen russischsprachigen Online-Foren wird angepriesen, dass man kostenlose medizinische Versorgung und Zahnersatz bekommt. Bedenkt man, dass für das Erlangen des Status des „Dieb im Gesetz" anrechenbare Haftzeiten vorzuweisen sind, kann man schon mit wenig Fantasie zu dem Schluss gelangen, dass Österreich bereits allein aus diesem Grund ein gern bereites Ziel darstellt. Tatsächlich ist diese Überlegung, laut Aussage der Beamten des Bundeskriminalamtes, immer wieder auf Telefonüberwachungen zu hören und fließt oft in die Entscheidung ein, welches Land als Zielland in Europa gewählt wird.

---

[42] Vgl. *Lili di Puppo*, Ist der Arm des georgischen Staates lang genug? (24.03.2006). http://www.caucaz.com/home_de/breve_contenu.php?id=126&PHPSESSID=8002e580d7ffc16be0fe6a6889144 b2a (09.11.2010).

[43] http://www.newsland.ru/News/Detail/id/239486/ (09.11.2010).

Abb. 3

4 Georgische OK in Österreich

4.1 Wissenschaftliche Hintergründe

Die Thematik der postsowjetischen Kriminalität im Allgemeinen und der „Diebe im Gesetz" im Besonderen ist in Österreich trotz der zweifellosen Aktualität keine weit verbreitete. Beschrieb der deutsche Kriminalitätsbeobachter und Experte der organisierten Kriminalität *Rolf Uesseler* im Jahr 1993 das Phänomen der OK noch als wissenschaftlich weitgehend unerforscht[44], so kann dem heute, fast zwanzig Jahre später, noch immer nicht viel entgegengesetzt werden. Während diese Thematik in Deutschland immer mehr aufgegriffen wird, sind die Publikationen seitens österreichischer Verfasser betreffend organisierter Kriminalität sehr überschaubar. Insbesondere auf dem Gebiet der georgischen OK und der „Diebe im Gesetz" beschränken sich die Erkenntnisse betreffend der Bekämpfung dieser Kriminalitätsform unter Anwendung österreichischer Rechtsvorschriften bisher ausschließlich auf Erfahrungen der Strafverfolgungsbehörden. Aus diesem Grund beruht im Folgenden die Analyse der Problematik in Wechselwirkung mit den einschlägigen Gesetzesstellen großteils auf Interviews mit Ermittlern der Zentralstelle zur Bekämpfung organisierter Kriminalität in Österreich.

4.2 Entwicklung georgischer OK in Österreich

Russische Organisierte Kriminalität war in Österreich lange Zeit vorrangig im Zusammenhang mit Wirtschafts- und Gewaltkriminalität ein Thema[45]. Erst Anfang des 21ten Jahrhunderts traten nach und nach georgische Einbrecher in das Blickfeld der Ermittler. Vorerst konnten jedoch keine hinreichenden Zusammenhänge festgestellt werden, um das Vorliegen einer kriminellen Organisation zu erkennen, geschweige denn zu beweisen.

4.2.1 „Organisation Glechovich"

Im Jahr 2005 langten bei den Sicherheitsbehörden vermehrt Hinweise auf Bestehen einer organisierten Gruppierung unter Leitung eines georgischen „Diebes im Gesetz" in Österreich ein. Nach langen, akribischen Ermittlungen des Bundeskriminalamtes in enger Zusammenarbeit mit regionalen nationalen Dienststellen sowie gelungener internationaler Kooperation der OK-Dienststellen untereinander, insbesondere unter Einbindung der georgischen Sicherheitsbehörden, konnte schließlich im September 2006 der „Dieb im Gesetz" mit dem

---

[44] Vgl. *Uesseler*, Herausforderung Mafia (1993) 19.
[45] Vgl. *Pretzner*, Verbrechen 54.

Spitznamen „Glechovich"[46] sowie weitere Mitglieder der durch ihn kontrollierten Organisation, festgenommen werden (*Abb. 4*).

Abb. 4

In weiterer Folge wurden durch das Urteil 142 Hv 84/08a des LG Wien vom 22.09.2008, welches am 12.01.2009 in Rechtskraft erwuchs, neun Mitglieder dieser aufgedeckten kriminellen Organisation nach Maßgabe der §§ 107, 125, 127, 129, 130, 144 Abs 1, 146, 147,

---

[46] georgisch: Bauer.

164, 223 Abs 2, 224 und 278a StGB verurteilt. Des Weiteren wurde durch das Gericht die Existenz der Institution „Dieb im Gesetz" in Österreich anerkannt und somit auf dem Gebiet der Bekämpfung postsowjetischer organisierter Kriminalität in Österreich ein neuer Maßstab gesetzt. Das Gericht umschreibt diesen Begriff in seinem Urteil wie folgt:

„Diese Funktion in der kriminellen Unterwelt der Sowjetunion kann – trotz einiger Unterschiede – einigermaßen mit der eines Paten in italienischen oder amerikanischen kriminellen Organisationen verglichen werden. Diebe im Gesetz müssen sich an einen bestimmten Ehrenkodex halten, dürfen weder einer geregelten Arbeit nachgehen, noch soziale Unterstützung vom Staat beziehen und werden für Abweichungen von den Regeln von anderen Dieben im Gesetz bestraft. Dafür erhalten sie einen Anteil an der Beute aller ihnen unterstehender Täter und verwalten eine gemeinsame Kasse, aus der beispielsweise auch die Verteidigerkosten für inhaftierte Mitglieder ihrer Organisation bezahlt werden."[47]

Durch dieses Urteil wird deutlich aufgezeigt, dass die Institution der Diebe im Gesetz nun auch in Österreich angekommen ist.

4.2.2 „Operation Java"

Im März 2010 sorgte eine weitere Aktion des Bundeskriminalamtes für Schlagzeilen: Im Rahmen der europaweit angelegten „Operation Java" wurden alleine in Österreich elf Haftbefehle vollzogen. Dabei wurden etliche Mitglieder einer georgischen kriminellen Organisation, darunter auch zwei „Diebe im Gesetz" festgenommen. An der Operation waren zahlreiche europäische Staaten beteiligt. Konkret wurden von den zuständigen Staatsanwaltschaften in Österreich, Spanien, Deutschland, Schweiz und Frankreich insgesamt 85 Haftbefehle erlassen, welche in den genannten Ländern sowie darüber hinaus in Italien und Griechenland vollzogen wurden[48]. Die kriminelle Gruppierung war laut Angabe der Ermittler für 30 Prozent der in Wien begangenen Einbrüche verantwortlich[49].

Details zur „Operation Java" können aufgrund andauernder Ermittlungen derzeit nicht publiziert werden. Alleine die Tatsache, dass eine so groß angelegte Aktion erfolgreich durchgeführt wurde, zeigt jedoch auf, dass georgische OK in Österreich existiert und die dringende Notwendigkeit gegeben ist, diese Strukturen zu bekämpfen.

---

[47] LG Wien 22.09.2008, 142Hv84/08a.
[48] Presseaussendung des .BK
http://www.bmi.gv.at/cms/BK/presse/files/Grter_Schlag_gegen_georgische_Kriminalitt_in_sterreich.pdf (09.11.2010).
[49] Online-Presse vom 16.03.2010, http://www.diePresse.com.

4.2.3 Vorgangsweisen und Strukturen der georgischen OK

Im Folgenden sollen jene Faktoren dargestellt werden, welche die beschriebene Entwicklung ermöglicht bzw. begünstigt haben. Darüber hinaus soll der Aufbau georgischer OK aus österreichischer Sicht dargestellt und im Hinblick auf die Durchführung kriminalpolizeilicher Ermittlungen analysiert werden.

4.2.3.1 Auswahl des Ziellandes

Wie zuvor erläutert, fand in den letzten Jahren eine rege Abwanderung georgischer Krimineller in sämtliche Mitgliedstaaten der EU statt. Als Zieldestination erfreuten sich insbesondere Spanien, Frankreich, Italien, Belgien, Schweiz, Deutschland und Österreich großer Beliebtheit. Erfahrungen der Sicherheitsbehörden zeigen, dass Staaten, in denen die Gruppierung bereits eine gewisse Infrastruktur geschaffen hat, primär als Zielländer gewählt werden. Unter Infrastruktur versteht sich dabei die Möglichkeit der Versorgung mit Wohnungen, Dokumenten, „Verdienstmöglichkeiten" und Kontakten. Die Zuwanderung erfolgt in vielen Fällen gezielt, nach Absprache mit ansässigen Personen. So wurde im Zuge der „Operation Glechovich" festgestellt, dass ein Anwärter auf den „Diebestitel" nach einer nüchternen Betrachtung der Ausgangslage (wo gibt es geringere Haftstrafen und die angenehmeren Gefängnisse) schließlich beschloss, nach Österreich zu kommen. Das Visum wurde bei der spanischen Botschaft für einen „Kurzurlaub" gelöst, auch bei der Buchung des Fluges wurde als Zielland Spanien angegeben. Bei der Zwischenlandung in Wien verließ der Georgier die Transitzone und entsorgte das Ticket und seinen Reisepass. Nicht ganz eine Woche später wurde der Betreffende bereits bei einem Einbruch betreten und suchte nach der Festnahme – unter Verwendung eines falschen Namens – um Asyl an.

Nach der österreichischen Gesetzeslage ist insbesondere das Ansuchen um Asyl durch die Kriminellen mit einigen Problemen bei der Durchführung von Ermittlungen verbunden. Aufgrund der Bestimmungen der §§ 57 Abs 10 iVm 39 AsylG ist eine kriminalpolizeiliche Abklärung von Personen, die um Asyl angesucht haben, im Herkunftsland nur in gesetzlich besonders geregelten Fällen, wie etwa nach Einleitung eines Ausweisungsverfahrens, möglich. Somit wird eines der wichtigsten kriminalpolizeilichen Werkzeuge im Zusammenhang mit internationalen Sachverhalten, nämlich die Durchführung internationalen Schriftverkehrs mit dem Herkunftsland, wesentlich eingeschränkt.

4.2.3.2 Aufbau der kriminellen Organisation

Sobald sich die Personen in Österreich befinden, werden sie sehr rasch in die Organisation eingegliedert. Dies geschieht hauptsächlich durch Zwangsleistung von Beiträgen an den „Obschag". Eine faktische Eingliederung in eine kriminelle Organisation im Sinne einer bestimmten Personengruppe erfolgt selten. Vielmehr sind georgische Kriminelle in Kleingruppen tätig, die in der Regel aus Wohngemeinschaften bestehen. Die Mitglieder der einzelnen Gruppen kennen sich meist nur oberflächlich. Wie bereits im Kapitel 4.2.4 näher erläutert, ist den „Soldaten" die Führungsebene meist nicht persönlich bekannt. Man kennt den zuständigen „Dieb" zwar dem Spitznamen nach, der tatsächliche Kontakt zur Obrigkeit beschränkt sich jedoch auf jene Person, die das Geld für den „Obschag" kassiert. Darüber hinaus wird die Organisation durch idealistisches Denken der Mitglieder sowie die Einhaltung der „Diebesgesetze" zusammengehalten.

Diese nach außen hin lose Organisationsform hat zur Folge, dass die Komplexität der Gruppierung auf den ersten Blick nicht erkennbar ist. Im Falle der Betretung einzelner Mitglieder bei Straftaten, werden diese oftmals als Einzeltäter behandelt. Es kommen lediglich die Grunddelikte, allenfalls in gewerbsmäßig begangener Form, zur Anzeige. Durch dieses Vorgehen wird allerdings nur in die untere, austauschbare, „Soldatenebene" eingegriffen[50]. Die Zugehörigkeit zu einer kriminellen Organisation kann jedoch ohne Durchführung von Strukturermittlungen nicht nachgewiesen werden. Dies setzt eine funktionierende Kooperation und insbesondere Kommunikation zwischen den Inlandsdienststellen voraus, um rechtzeitig auf bestimmte Begehungsmuster reagieren zu können. Darüber hinaus bedarf es aufgrund des enormen Deliktsanfalles einer sorgfältigen Analyse aller Straftaten, um ebendiese Muster zu erkennen. Zu diesem Zweck haben sich in der Praxis Datenbanken als effektivste Methode erwiesen, deren Einsatz jedoch in einem ständigen Spannungsfeld zum Datenschutz, insbesondere im Hinblick auf die Verarbeitung von Zeugen-, Opfer- und Beteiligtendaten, steht.

4.2.3.3 Komplexität der Strukturen

Während die Strukturen nach Außen hin nur schwer erkennbar sind, sind sie innerhalb der Organisation umso perfekter ausgebildet. „Obschag"-Gelder ermöglichen nicht nur eine wirtschaftliche Etablierung der Organisation im Zielland, sondern gewährleisten darüber hinaus ein regelrechtes Sozialnetz für die einzelnen Mitglieder.

---

[50] Vgl. *Burgstaller* in Enquete 1995 (1996), 17.

Die Betreibung des Asylverfahrens inklusive eingehender Beratung darüber, was man den Behörden gegenüber angeben soll, um die Chancen auf Anerkennung des Asylstatus zu erhöhen oder finanzielle Unterstützung zu erhalten, erfolgt, laut den Ermittlern des Bundeskriminalamtes, durch eigens hierfür errichtete Vereine. Letztere verfügen darüber hinaus über ein Versorgungsnetz aus Dolmetschern, Rechtsanwälten und weiteren kundigen Personen, die auch im Haftfall zur Beratung herangezogen werden.

4.2.3.4 Internationales Agieren

Durch die bereits angesprochene internationale Vernetzung der Gruppierungen öffnet sich deren Mitgliedern die Möglichkeit ihren Aufenthaltsort schnell und unproblematisch zu wechseln, wenn die Situation dies erfordert. Im Zuge der Ermittlungen im Rahmen der „Organisation Glechovich" konnte festgestellt werden, dass die Kriminellen selten über einen Zeitraum von mehreren Jahren in einem Land verbleiben. Sind die Personen den Behörden bekannt und werden aus diesem Grund verstärkt überwacht, dauert es meist nicht lange bis sie sich ins Ausland absetzen.

Personen, die in Österreich bereits um Asyl angesucht haben, reisen innerhalb der EU zumeist mit einem Fahrzeug und ohne Dokumente. Mitunter werden auch gefälschte Identitätsdokumente verwendet. Ein wesentliches Handicap für die Kriminellen bildet dabei die Geltung der Dublin-II Verordnung[51]. Der Grundgedanke dieser Verordnung ist, dass eine Person nur in einem Mitgliedstaat der Union um Asyl ansuchen kann. Sucht ein Asylwerber in einem weiteren EU-Staat um Asyl an, wird er umgehend in jenen Staat, in dem das erste Asylverfahren eingeleitet wurde, zurückgestellt. Die Feststellung der Identität erfolgt dabei an Hand der Fingerabdrücke.

Diese Verordnung schränkt die Bewegungsfreiheit der Kriminellen zwar erheblich ein, durch die Personenfreiheit innerhalb der Europäischen Union können sie sich aber dennoch – bis zu einem allfälligen Aufgriff durch die Polizei – relativ frei bewegen.

Diese Vorgehensweisen verlangen einen hohen Grad an internationaler Kooperation und Koordination durch die ermittelnden Behörden.

Schwieriger gestaltet sich die Lage für „Diebe im Gesetz". Mit einem allfälligen Ersuchen um Asyl würden diese ihr Ansehen innerhalb der Organisation erheblich schmälern. In manchen Fällen könnte ein solches Ansuchen sogar zum Verlust des „Diebesstatus" führen. Ein Grund

---

[51] *Verordnung (EG) Nr. 343/2003 des Rates vom 18. Februar 2003 zur Festlegung der Kriterien und Verfahren zur Bestimmung des Unterzeichnerstaates, der für die Prüfung eines von einem Drittstaatsangehörigen in einem Unterzeichnerstaat gestellten Asylantrags zuständig ist", EG L 50/01 vom 25. Februar 2003.*

dafür ist das Gebot, keine Unterstützung vom Staat anzunehmen. Darüber hinaus bildet die Einschränkung der Reisefreiheit ein wesentliches Hindernis bei der Ausübung der Aufgaben eines „Diebes". Zur Streitschlichtung und Entscheidungsfindung in wichtigen Angelegenheiten ist eine große Flexibilität erforderlich. „Skhodkas" finden immer an unterschiedlichen Orten statt. Ein „Dieb", der in seiner Reisetätigkeit auf ein bestimmtes Land oder auch auf die EU beschränkt ist, ist für die Organisation in seiner Eigenschaft als solcher nicht brauchbar.

4.2.3.5 Begehung von Taten innerhalb der ethnischen Zugehörigkeit

Für die Ermittlungen als besonders erschwerend erweist sich die Tatsache, dass georgische „Diebe im Gesetz" historisch bedingt in enger Symbiose mit israelischen Geschäftsleuten georgischer Abstammung leben[52]. Bereits in Georgien und Russland war es üblich, dass den Geschäftsleuten durch die „Diebe" ein so genanntes „Dach" geboten wurde. Dies implizierte regelmäßige Zahlungen der Geschäftsleute an die Diebe, welche im Gegenzug dafür sorgten, dass das Tagesgeschäft geregelt verlaufen konnte und insbesondere nicht durch andere kriminelle Organisationen gestört wurde[53]. Diese „Tradition" wurde über die Grenzen des Landes mitgenommen und bringt folgende Problemstellung mit sich:

Die Gewährleistung der Finanzierung durch Beiträge seitens der israelischen Geschäftsleute georgischer Abstammung wird durch die Kriminellen als fixer Bestandteil des „Obschag"-Einkommens betrachtet[54]. In diesem Kontext kommt es, besonders in für die Gruppierung finanziell schwierigen Zeiten, zu Erpressungen von Schutzgeld, mitunter sogar zu Entführungen und damit verbundenen Lösegeldforderungen. Häufig werden auf dem Gebiet der ehemaligen Sowjetunion oder in Israel lebende Verwandte der Geschäftsleute bedroht und auf diesem Wege Zahlungen bewirkt. Die Ermittlungen in solchen Fällen gestalten sich als äußerst schwer durchführbar, da in den seltensten Fällen Anzeige erstattet wird. Einerseits begründet sich dies in der Angst um Angehörige, aber auch in einem Misstrauen gegenüber den Behörden. Andererseits stammt das erpresste Vermögen in manchen Fällen aus strafbaren Handlungen oder halblegalen Aktivitäten und wird deswegen von einer Anzeige abgesehen. So wurde auch im Fall „Glechovich" ein israelischer Inhaftierter durch die kriminelle Organisation erpresst. Dieses Faktum wurde im Zuge der durchgeführten Telefonüberwachungen bekannt. Eine Aussage vor den Strafverfolgungsbehörden durch den Erpressten konnte jedoch

---

[52] Vgl. *Skoblikow*, Kriminalistik 1/2006, 46 (51).
[53] *Quiring*, OEI Arbeitspapiere (28/2000), 14f.
[54] Vgl. *Skoblikow*, Kriminalistik 1/2006, 46 (51).

nicht erwirkt werden, da dieser mit dem Wohlergehen seiner in Israel lebenden Familie bedroht wurde.

Derartige Einschüchterungen von Betroffenen durch die Gruppierung sind eines der Wesensmerkmale krimineller Organisationen[55]. Im Fall „Glechovich" konnte die Erpressung mit Hilfe der Telefonüberwachung bewiesen werden und führte letztendlich zu einer gerichtlichen Verurteilung der Täter.

4.2.3.6 Kontakte zu staatlichen Behörden

Im europäischen Raum seit Jahrzehnten ansässige Geschäftsleute mit georgisch-israelischem Hintergrund verfügen nicht selten über eine hohe gesellschaftliche Stellung und Kontakte in die höchsten politischen Ebenen. Diese Stellung wird durch Mitglieder der Organisation teils durch das Anbieten von Gegenleistungen, wie etwa Schutz, teils durch Erpressung ausgenutzt, um einerseits Informationen über allfällige Ermittlungen zu erlangen und auf diese unter Umständen auch einzuwirken, andererseits – insbesondere in ehemaligen Ostblockstaaten des europäischen Raumes – um an behördlich ausgestellte Urkunden (insbesondere Reisepässe, Führerscheine, Zeugnisse etc) zu gelangen. Diese Umstände erschweren die Ermittlungen besonders, da eine strikte Geheimhaltung der Ermittlungen notwendig ist und durch eine Behörde auf eine falsche Identität ausgestellte Dokumente nur schwer aufzudecken sind.

4.2.3.7 Schlussfolgerung

Zusammenfassend stellt diese Art der Kriminalität auf Grund der geschilderten Einzelfaktoren eine enorme Herausforderung an die polizeilichen Ermittlungen dar. Darüber hinaus ist die Vorgangsweise der Gruppierungen eine dynamische. Der Aufbau der Strukturen unterliegt einem ständigen Wandel. In Anlehnung an das Handeln der Behörden werden die modi operandi ständig geändert, handelnde Personen ausgetauscht und wichtige Gespräche vermehrt persönlich geführt statt auf mobile Kommunikationsmittel zurückzugreifen. Aus diesem Grund bedarf es eines ständigen Monitorings der „Hauptakteure", welches nur durch andauernde Ermittlungstätigkeit gewährleistet werden kann. Insbesondere seit der Novellierung der StPO im Jahr 2008 und dem damit verbundenen vorverlagerten Ermittlungsbeginn stellt sich zunehmend die Frage, ob Strukturermittlungen unter dem Deckmantel der einfachen- und erweiterten Gefahrenerforschung nach dem SPG geführt werden können, oder ob die Einbindung eines Staatsanwaltes im Sinne der StPO neu bereits von Anfang an erforderlich ist.

---

[55] *Birklbauer/Keplinger*, StGB[22] (2010) 360.

5 Methoden im Kampf mit der georgischen OK

Im nachfolgenden Kapitel sollten jene Ermittlungsmethoden, die besonders geeignet sind die zuvor erläuterten komplexen Strukturen zu durchdringen um eine effektive Strafverfolgung zu gewährleisten, erläutert werden. Dabei soll zuerst auf die gesetzlichen Grundlagen der einzelnen Maßnahmen eingegangen und im Anschluss daran analysiert werden, wie sich die Struktur georgischer krimineller Organisationen auf die Durchführung der jeweiligen Maßnahmen auswirkt. Eine nähere Erläuterung grundlegender Ermittlungsmethoden – wie etwa Beschuldigten- und Zeugenbefragungen, Vororterhebungen und die Abfrage in kriminalpolizeilichen und zivilen Registern, die ohnehin Teil jeder Ermittlungsarbeit sind, erfolgt an dieser Stelle nicht, da dies den Rahmen der Arbeit sprengen würde. Vielmehr sollen schwerwiegend in die Grundrechte eingreifende Maßnahmen, welche durch den Gesetzgeber auf die Bekämpfung organisierter Kriminalität gerichtet sind, wie Langzeitobservationen, Einsatz von Informanten und verdeckten Ermittlern, Rufdatenrückerfassungen und Telefonüberwachungen sowie der so genannte „große Lauschangriff" erörtert werden.

5.1 Grundlagen kriminalpolizeilicher Ermittlungen

5.1.1 Ermittlungsbefugnisse nach dem SPG

5.1.1.1 Gefahrenerforschung

Nach Maßgabe des SPG obliegt den Sicherheitsbehörden des Bundes die Abwehr allgemeiner Gefahren und gefährlicher Angriffe sowie die Gefahrenerforschung. Nach der Definition des § 16 Abs 2 Z 1 SPG werden die §§ 278 bis 278b StGB explizit von der Bestimmung des „gefährlichen Angriffes" ausgenommen. Vielmehr ist der Begriff der organisierten Kriminalität unter „allgemeine Gefahr" iSd § 16 Abs 1 Z 2 SPG zu subsumieren, da sich die sicherheitspolizeiliche Gefährlichkeit nicht auf die Verwirklichung einer Einzeltat beschränkt. Massgebend ist der Wille mehrerer Menschen, fortgesetzt Vorsatzdelikte in einer organisierten Form zu begehen[56]. Der Gesetzgeber beschränkt die Instrumente, die zur Bekämpfung organisierter Kriminalität vorgesehen sind, bewusst auf die Gefahrenerforschung. Die Kenntnis der zu ermittelnden Strukturen ist entscheidende Voraussetzung dafür, Abwehrmaßnahmen, die als solche jedoch außerhalb des sicherheitspolizeilichen Regelungsbereichs der Abwehr krimineller Verbindungen liegen, ergreifen zu können[57]. Unter „Gefahren-

---

[56] Vgl. *Thanner/Vogl*, Sicherheitspolizeigesetz[4] (2010) 59.
[57] RV 81 XXI. GP, 03.05.2000.

erforschung" versteht der Gesetzgeber die Feststellung einer Gefahrenquelle und des für die Abwehr einer Gefahr sonst maßgeblichen Sachverhaltes (§ 16 Abs 4 SPG).

5.1.1.2 erweiterte Gefahrenerforschung

Darüber hinaus kennt das SPG den Begriff der „erweiterten Gefahrenerforschung" – also der Beobachtung von Gruppierungen, wenn im Hinblick auf bestehende Strukturen und auf zu gewärtigende Ermittlungen in deren Umfeld damit zu rechnen ist, dass es zu mit schwerer Gefahr für die öffentliche Sicherheit verbundener Kriminalität [...] kommt (§ 21 Abs 3 SPG).

Im Rahmen der erweiterten Gefahrenerforschung sollen die Sicherheitsbehörden bereits dann auf die Instrumente des SPG zurückgreifen können, wenn sich zwar noch keine Straftaten ereignen, jedoch auf Grund konkreter Hinweise zu befürchten ist, dass es in absehbarer Zukunft zur Begehung strafbarer Handlungen durch die Gruppierung kommen würde, die eine schwere Gefährdung der öffentlichen Sicherheit mit sich ziehen. Es ist anzumerken, dass im Falle der erweiterten Gefahrenerforschung ein besonderes Augenmerk auf der Rechtsschutzkontrolle liegen sollte, da derartige Ermittlungen naturgemäß nicht offen geführt werden und der Betroffene somit nicht die Möglichkeit hat, auf die üblichen Rechtsschutzinstrumente zurückzugreifen[58].

5.1.1.3 Aufschub des Einschreitens

Die Regelung des § 23 SPG ermöglicht einen Aufschub des Einschreitens der Sicherheitsbehörden, wenn übergeordnete Interessen, so etwa gem. Abs 1 die Abwehr krimineller Verbindungen, gegen ein sofortiges Einschreiten sprechen. Insbesondere soll damit die Möglichkeit geschaffen werden, an Hintermänner einer kriminellen Organisation heranzukommen. Allerdings darf ein Einschreiten nur dann aufgeschoben werden, wenn weder Leben oder Gesundheit möglicher Opfer auf dem Spiel stehen, noch Personen einen allfälligen Vermögensschaden erleiden[59]. Um Letzterem vorzubeugen, verweisen § 23 Abs 2 Z 2 sowie Abs 3 SPG explizit auf eine allfällige Schadenersatzverpflichtung durch den Bund iSd § 92 Z 1 SPG.

Zu Beachten ist in diesem Zusammenhang auch die Regelung des § 99 Abs 4 StPO über den Aufschub kriminalpolizeilicher Ermittlungen.

---

[58] *Lepuschitz/Schindler*, SPG[5] (2008) 67f.
[59] Vgl. *Thanner/Vogl*, Sicherheitspolizeigesetz[4] (2010) 69.

5.1.1.4 Sicherheitspolizeilicher Ermittlungsdienst

Der sicherheitspolizeiliche Ermittlungsdienst nach dem SPG ist in den §§ 52 ff SPG geregelt und umfasst jedes Verwenden personenbezogener Daten, welches nicht Erkennungsdienst iSd §§ 64 ff SPG ist. Dabei soll durch den Wortlaut „Erforderlichkeit" der Verwendung von Daten der Datensammlung „auf Vorrat", also ohne aktuelle und konkrete Erforderlichkeit, Einhalt geboten werden[60].

Insbesondere ist die Ermittlung und Verarbeitung personenbezogener Daten gem. § 53 Abs 1 Z 2 SPG zur Abwehr krimineller Verbindungen sowie gem. Z 3 für die erweiterte Gefahrenerforschung zulässig. Im letzteren Fall sieht § 91c Abs 3 SPG das Einholen einer Ermächtigung durch den Rechtsschutzbeauftragten im Wege des Bundesministers für Inneres vor. Dies ist so zu verstehen, dass für den Beginn jeglicher Ermittlungstätigkeit im Rahmen einer „erweiterten Gefahrenerforschung" die ausdrückliche Ermächtigung des Rechtsschutzbeauftragten vorliegen muss. Darüber hinaus ist für den Einsatz besonderer Ermittlungsmethoden oder -techniken eine zusätzliche Ermächtigung, welche bei Vorliegen der gesetzlichen Voraussetzungen zu erteilen ist, notwendig[61].

5.1.1.5 Ermittlungsbefugnisse des § 54 SPG

Durch den § 54 SPG wird eine Reihe an Befugnissen, insbesondere zum Zwecke der erweiterten Gefahrenerforschung und der Abwehr gefährlicher Angriffe und krimineller Verbindungen, geregelt. Für die Bekämpfung organisierter Kriminalität sind dabei insbesondere die Regelungen bezüglich Observation, auch unter Einsatz von Peilsendern, sofern diese die Observation bloß unterstützen und nicht ersetzen, verdeckter Ermittlung und der Einsatz von Bild- und Tonaufzeichnungsgeräten gem. Abs 4 – von Bedeutung. Der Umfang der Maßnahmen deckt sich im Wesentlichen mit den nachfolgend erläuterten Befugnissen, welche durch die StPO eingeräumt werden. Eine Besonderheit der Regelungen nach dem SPG liegt etwa darin, dass die Dauer der Observation keine Relevanz hat[62].

Hinsichtlich der Verwendung von Tonaufzeichnungsgeräten wird insofern eine Schranke gesetzt, als dass nichtöffentliche und nicht in Anwesenheit eines Ermittelnden erfolgende Äußerungen nicht aufgezeichnet werden dürfen. Gleiches gilt für die Verwendung von Bildaufzeichnungsgeräten[63].

---

[60] *Lepuschitz/Schindler*, SPG[5] (2008) 147f.
[61] *Lepuschitz/Schindler*, SPG[5] (2008) 241.
[62] VwGH 09.05.2006, 2004/01/0086.
[63] *Hauer/Keplinger*, Sicherheitspolizeigesetz[11] (2010), 178.

Über sämtliche durchgeführte Maßnahmen ist gem. § 91c Abs 1 SPG der Rechtsschutz-beauftragte zu verständigen.

Die Bestimmungen des SPG sind für die Praxis keine unwesentlichen. Besonders bei Straftaten, wie der Bildung krimineller Organisationen, ist es notwendig, die Entwicklungen des kriminellen Milieus schon im Vorfeld der eigentlichen Tat zu verfolgen. Die Trennung zwischen repressiver Verfolgung der Straftäter und der bloßen Beobachtung der Gruppierung vor Begehung der Straftaten gestaltet sich allerdings nicht sehr einfach[64].

5.1.2 „Ermittlung" iSd StPO

Am 01.01.2008 trat die novellierte StPO in Geltung. Während für den polizeilichen Alltagsgebrauch die in Kraft getretenen Änderungen hauptsächlich formellen Charakter haben, ist die Novellierung für die Bekämpfung organisierter Kriminalität maßgeblich. Im Zuge von OK-Ermittlungen erfolgte nach der alten Gesetzeslage die Einbindung der Staatsanwaltschaft – und somit der Schritt in die StPO – bei Bedarf. In der Regel war dies jener Zeitpunkt in welchem die Sicherheitsbehörden mit Maßnahmen im Rahmen des SPG nicht mehr das Auslangen fanden.

Mit Geltung der StPO neu wird der Beginn des Strafverfahrens erheblich vorverlagert. Gemäß § 1 StPO beginnt das Strafverfahren nach der StPO, *„sobald die Kriminalpolizei oder Staatsanwaltschaft zur Aufklärung des Verdachts einer Straftat gegen eine bekannte oder unbekannte Person ermittelt [...]".* Gemäß § 91 StPO versteht man unter Ermittlung *„jede Tätigkeit der Kriminalpolizei, der Staatsanwaltschaft oder des Gerichts, die der Gewinnung, Sicherstellung, Auswertung oder Verarbeitung einer Information zur Aufklärung des Verdachts einer Straftat dient".*

Faktisch ergeben sich in diesem Zusammenhang mehrere Problemstellungen bei OK-bezogenen Ermittlungstätigkeiten. Bei strenger Auslegung der zuvor dargelegten Gesetzes-stellen wären Ermittlungen im Zusammenhang mit OK nach dem SPG nur dann möglich, wenn weder konkrete Beteiligte, noch konkrete strafbare Handlungen bekannt sind. Sobald Kriminalpolizei oder Staatsanwaltschaft zur Aufklärung des Verdachtes einer Straftat ermitteln, beginnt das Strafverfahren und zwar auch dann, wenn noch gar nicht bekannt ist, ob überhaupt eine Straftat vorliegt und wer als Verdächtiger in Frage kommt[65]. Ist der hierarchische Aufbau einer Gruppierung also so weit bekannt, dass man von einer Erfüllung

---

[64] Vgl. *Pilnacek*, Zum Einsatz technischer Mittel in Enquete 1995 (1996), 44.
[65] *Bertel/Venier*, Strafprozessordnung⁴ (2010) 5 Rz 10.

des Tatbestands des § 278a StGB sprechen kann, beginnen die Ermittlungen nach der StPO. Dies würde auch für jede weitere Folgeermittlung, die eine bereits bekannte Gruppierung oder generell bekannte Strukturen betrifft, gelten.

Mit Ermittlungsbeginn nach der StPO stehen dem Verdächtigen ab dem Zeitpunkt der ersten gegen ihn gerichteten Ermittlungshandlung grundsätzlich alle Rechte des Beschuldigten zu[66].

5.1.2.1 Beschuldigtenrechte im Spannungsfeld mit dem § 278a StGB

Kriminelle Organisationen zeichnen sich insbesondere durch eine rege Interaktion der einzelnen Mitglieder untereinander aus. Aus diesem Grund ist es bei der Bekämpfung organisierter Kriminalität unentbehrlich, den Wissensstand der Ermittler bis zur Anklageerhebung zurückzuhalten, um die Ermittlungen nicht zu gefährden. Die Gewährung von Akteneinsicht und somit die Kenntnis des Beschuldigten darüber, welche Tätigkeiten im Zuge der Ermittlungen bereits gesetzt wurden und welche Erkenntnisse über die Gruppierung den Behörden vorliegen, kommt faktisch einer Einstellung des Verfahrens gleich und macht die gesamte bisher getätigte Arbeit der Ermittler zunichte.

Der Gesetzgeber trägt diesem Umstand insofern Rechnung, als er die Möglichkeit einräumt von der Information des Beschuldigten (§ 50 StPO) Abstand zu nehmen oder die Akteneinsicht (§ 51 StPO) zu beschränken, wenn besondere Umstände befürchten lassen, dass dadurch der Zweck der Ermittlungen gefährdet wäre. Wie schon *Ainedter/Bartl/ Claus/Schreiner* in ihrer Stellungnahme zum Entwurf eines Bundesgesetzes über besondere Ermittlungsmaßnahmen zur Bekämpfung schwerer und organisierter Kriminalität[67] feststellten, steht die Bekämpfung organisierter Kriminalität in einem steten Spannungsverhältnis zur Sicherstellung eines rechtsstaatlichen Verfahrens. Durch die Regelung des § 51 Abs 2 StPO wird die Möglichkeit, die Akteneinsicht vorläufig aufzuschieben, insoweit relativiert, als deren Beschränkung ab Verhängung der Untersuchungshaft unzulässig ist, wenn sich der Beschuldigte in Haft befindet und der Akteninhalt für die Beurteilung des Tatverdachts oder der Haftgründe von Bedeutung sein kann.

5.1.2.2 Vollzug von Maßnahmen nach der StPO

Grundsätzlich werden die Ermittlungen iSd StPO durch die Kriminalpolizei durchgeführt. Einige Ermittlungsmaßnahmen sind jedoch an Anordnungen der Staatsanwaltschaft oder auch eine gerichtliche Bewilligung geknüpft. Die Durchführung der Ermittlungen wird durch den

---

[66] *Birklbauer/Keplinger/Tischlinger*, Strafprozessordnung[4] (2010) 36.
[67] AnwBl 1996, 305.

§ 99 StPO geregelt. Dieser sieht vor, dass die Kriminalpolizei von Amts wegen oder auf Grund einer Anzeige unter Befolgung der Anordnungen der Staatsanwaltschaft und des Gerichts, ermittelt (§ 99 Abs 1 StPO).

Gemäß Abs 2 kann die Kriminalpolizei, sofern für die Durchführung einer Ermittlungs-maßnahme eine Anordnung der StA erforderlich ist, diese Befugnis bei Gefahr in Verzug auch ohne Anordnung ausüben. Sie hat jedoch unverzüglich um Genehmigung anzufragen. Sofern keine Genehmigung erteilt wird, ist die Ermittlungshandlung sogleich zu beenden und – soweit möglich – der ursprüngliche Zustand wiederherzustellen. In der Praxis wird das Vorliegen von Gefahr in Verzug kaum mehr vorkommen, da einerseits mittlerweile beinahe alle Einheiten der Kriminalpolizei über zumindest ein Mobiltelefon verfügen und andererseits der Journaldienst der StA permanent erreichbar ist.

Die Vorgangsweise in jenen Fällen, in denen die Anordnung eine gerichtliche Bewilligung erfordert, wird im Abs 3 geregelt. In diesen Fällen ist die Ermittlungsmaßnahme bei Gefahr in Verzug nur dann aus Eigenem zulässig, wenn das Gesetz dies ausdrücklich vorsieht.

Ein Aufschub des Einschreitens iSd Abs 4 ist nur ausnahmsweise zulässig, wenn dies zur Aufklärung einer „wesentlich schwereren Straftat" oder eines „führenden Beteiligten" zweckmäßig ist oder sonst eine nicht anders abwendbare „ernste Gefahr" für eine dritte Person entstehen würde. Ein derartiger Aufschub unterliegt jedenfalls der Berichtspflicht. Einzelheiten werden durch Abs 5 geregelt[68].

In diesem Zusammenhang ist fraglich, ab welchem Zeitpunkt von einem „Aufschub des Einschreitens" gesprochen werden kann. Bei lebensnaher Betrachtung ist davon auszugehen, dass etwa bei Aufrechterhaltung einer Observation trotz Begehung auf frischer Tat und dem so bedingten zeitweiligen Aufschub zwecks Ausforschung der Hintermänner, gar kein Aufschub des Einschreitens vorliegt. Vielmehr wäre § 99 Abs 4 StPO nur einschlägig, wenn sämtliche Ermittlungsbefugnisse nicht zur Anwendung gelangen und der Betroffene „unbehelligt" bliebe[69].

---

[68] Vgl. *Wegscheider/Birklbauer*, Strafprozessrecht[4] (2010) 178.
[69] Vgl. *Birklbauer/Keplinger/Tischlinger*, Strafprozessordnung[4] (2010) 127.

5.2 Ermittlungsmethoden

5.2.1 Observation

5.2.1.1 Definition und Ziel

Gemäß § 129 Abs 1 StPO ist „Observation" „*das heimliche Überwachen des Verhaltens einer Person*". Sie ist in § 130 StPO näher geregelt und zulässig, wenn sie zur Aufklärung einer Straftat oder zur Ausforschung des Aufenthalts des Beschuldigten erforderlich erscheint.

5.2.1.2 Einfache Observation (§ 130 Abs 1 StPO)

Die Durchführung einer Observation kann unterschiedliche kriminaltaktische Ziele verfolgen. So kann diese Maßnahme als kurzfristige Beobachtung einer Person durchgeführt werden, wenn etwa auf Grund konkreter Hinweise oder des allgemeinen Lebenswandels der Zielperson bekannt ist, dass diese regelmäßig strafbare Handlungen begeht und sie bei einer solchen betreten werden soll. Derartige Observationen, bei denen es sich um eine alltägliche Ermittlungsmaßnahme handelt, sind idR Kurzzeitobservationen, die von der Kriminalpolizei nach Maßgabe des § 133 Abs 1 StPO aus Eigenem durchgeführt werden können und keinem besonderen Rechtsschutz nach der StPO unterliegen.

5.2.1.3 Qualifizierte Observation (§ 130 Abs 3 StPO)

Bei der Durchführung von Strukturermittlungen greift man idR auf längerfristige „qualifizierte" Observationen, welche länger als 48h dauern und einen umfassenden Einblick in das Leben des Betroffenen bieten, zurück[70]. Im Zuge einer solchen Beobachtung soll insbesondere die persönliche Umgebung der Verdächtigen abgeklärt und weiterführende Informationen – wie etwa Kontaktpersonen und -adressen, benutzte Fahrzeuge oder auch Erkenntnisse über den gewöhnlichen Tagesablauf – beschafft werden. Eine Observation ist auch dann qualifiziert, wenn sie durch den Einsatz technischer Mittel unterstützt wird oder außerhalb des Bundesgebietes durchgeführt werden soll (§ 130 Abs 3 Z 1 und 3 StPO). Dabei fallen nur solche Mittel unter diese Bestimmung, die Informationen zwecks Standortbestimmung „übertragen". Geräte, die am Fahrzeug angebracht werden um Fahrten „mitzuschreiben" und erst zu einem späteren Zeitpunkt ausgelesen werden, sind davon nicht erfasst[71].

---

[70] *Seiler*, Strafprozesrecht[11] (2010) 135 Rz 485.
[71] Vgl. *Birklbauer/Keplinger/Tischlinger*, Strafprozessordnung[4] (2010) 187f.

5.2.1.4 Zulässigkeit der qualifizierten Observation

Qualifizierte Observationen können durch die StA bei Vorliegen der Voraussetzungen des § 130 Abs 3 StPO für den erforderlich scheinenden Zeitraum, längstens jedoch für drei Monate angeordnet und gegebenenfalls verlängert werden (§ 133 Abs 2 StPO). Die Anwendung des § 99 Abs 2 StPO (Ausübung aus Eigenem bei Gefahr in Verzug) wird explizit ausgeschlossen. Die Observation ist einzustellen, wenn die Voraussetzungen für die Durchführung entfallen, der Ermittlungszweck erreicht ist oder voraussichtlich nicht mehr erreicht werden kann oder wenn die StA die Einstellung anordnet.

5.2.1.5 Schutzmechanismen georgischer OK

Während Observationen außerhalb des Bundesgebietes bei der Bekämpfung georgischer OK eher selten vorkommen, da die Reisebewegungen der einzelnen Mitglieder idR langfristig geplant und somit im Zuge von Überwachungen vorhersehbar sind, ist die Anwendung technischer Hilfsmittel oftmals unerlässlich, da die Zielpersonen eine erhöhte Sensibilisierung gegenüber möglichen Observanten aufweisen. Nach Angaben der Beamten des Bundeskriminalamtes verfolgen sie ihre Umgebung aufmerksam und wählen präventiv solche Routen, die eine Beobachtung in Sichtweite schwer bis unmöglich machen. Das Verhalten der Kriminellen ist in diesem Bereich von Grund auf konspirativ. Im Alltag werden Verhaltensweisen, wie zielloses Umherirren, unmotivierte plötzliche Richtungswechsel sowie vorbeugende Abkürzungen durch wenig frequentierte Örtlichkeiten, an den Tag gelegt, die eine Observation erheblich erschweren und den Einsatz von Peilsendern unentbehrlich machen. Darunter versteht man nach der Definition des § 130 Abs 2 StPO den Einsatz technischer Mittel, die im Wege der Übertragung von Signalen eine Feststellung des räumlichen Bereiches, in dem sich die überwachte Person aufhält, ermöglichen. Auf diese Art und Weise kann das bewegliche Objekt – in der Regel ein Fahrzeug – beobachtet werden ohne dabei in das Blickfeld der Zielperson zu geraten. Das Risiko, dass das Observationsteam aufgedeckt wird, wird damit erheblich eingeschränkt.

Darüber hinaus werden durch die Kriminellen so genannte „Gegenobservationen", also das Absichern von strategisch wichtigen Punkten, wie etwa bei der Begehung von Straftaten, oder auch bei konspirativen Treffen, durchgeführt. Diese Verhaltensweise der Kriminellen erfordert besonderes Geschick der Ermittler während der Observation und auch bei einem allfälligen Zugriff, da Erfahrungen der Sicherheitsbehörden zeigten, dass die Gegenobservation mitunter in sehr großem Umkreis positioniert ist, um ein wirkungsvolles Frühwarnsystem zu gewährleisten.

5.2.2 Verdeckte Ermittlung

5.2.2.1 Definition und Grundlagen

Unter „Verdeckte Ermittlung" versteht man gemäß der Definition des § 129 Abs 2 StPO den *„Einsatz von kriminalpolizeilichen Organen oder anderen Personen im Auftrag der Kriminalpolizei, die ihre amtliche Stellung oder ihren Auftrag weder offenlegen noch erkennen lassen"*. Durch diese Bestimmung wird der Einsatz von polizeilichen verdeckten Ermittlern (VE) einerseits sowie die Verwendung von Vertrauenspersonen (VP), andererseits umschrieben.

Gemäß § 131 Abs 3 StPO sind verdeckte Ermittler durch die Kriminalpolizei zu führen und regelmäßig zu überwachen. Über deren Einsatz, Mitteilungen und Auskünfte sind Berichte und Amtsvermerke anzulegen. Zu diesem Zweck ermächtigt § 54b Abs 1 SPG den Bundesminister für Inneres zur Führung einer zentralen Evidenz über Vertrauenspersonen, die der Sicherheitsbehörde gegen Belohnung Informationen über gefährliche Angriffe und kriminelle Verbindungen zur Verfügung stellen[72]. Diese Bestimmung gewährleistet eine Bewertung der Vertrauenswürdigkeit der einzelnen Informanten und soll einerseits verhindern, dass dieselbe Information an mehrere Dienststellen weitergegeben wird, andererseits aber auch, dass Kriminalbeamte durch ihre Informanten geführt werden[73].

5.2.2.2 Einfache verdeckte Ermittlung

Der Einsatz verdeckter Ermittler wird durch den § 131 StPO geregelt. In diesem Zusammenhang wird die „einfache" verdeckte Ermittlung (§ 131 Abs 1 StPO) von der „systematischen" bzw „qualifizierten" verdeckten Ermittlung (§ 131 Abs 2 StPO) unterschieden, wobei unter ersterer ein kurzfristiges verdecktes Auftreten von VE oder VP zu verstehen ist[74]. Im kriminalpolizeilichen Bereich findet diese Bestimmung im Bereich der Suchtmittelkriminalität – insbesondere in Verbindung mit Scheinkäufen – Anwendung und kann gem. § 131 Abs 1 StPO von der Kriminalpolizei aus Eigenem durchgeführt werden (§ 133 Abs 1 StPO).

---

[72] sog. Vertrauenspersonenevidenz.
[73] *Lepuschitz/Schindler*, SPG[5] (2008) 178f.
[74] Vgl. *Lehner*, Grundlagen der Verdeckten Ermittlung, JAP 2008/2009/10.

5.2.2.3 Qualifizierte verdeckte Ermittlung

Zur Bekämpfung organisierter Kriminalität, insbesondere im Hinblick auf Strukturermittlungen, gelten über einen längeren Zeitraum durchgeführte, „systematische" verdeckte
Ermittlungen als unverzichtbar[75]. Nach Maßgabe der StPO sind sie auch zulässig, wenn die
Verhinderung einer im Rahmen einer kriminellen Organisation geplanten Straftat ansonsten
wesentlich erschwert wäre (§ 131 Abs 2 StPO). Eine Definition der Merkmale „systematisch"
und „längerfristig" findet sich im Gesetz nicht[76]. In der Praxis wird darunter wohl eine auf
Dauer angelegte, gezielte Infiltrierung der Zielgruppe durch einen verdeckten Ermittler zu
sehen sein.

Im Rahmen von Strukturermittlungen werden verdeckte Ermittler in eine kriminelle Organisation eingeschleust, um Informationen über den Aufbau der Organisation sowie Erkenntnisse
betreffend einzelner Personen zu gewinnen. Zu diesem Zweck darf auch eine „Legendierung"
des einschreitenden Beamten iSd § 54a SPG, also die Herstellung von Urkunden, die über die
Identität eines Organs der Kriminalpolizei täuschen und von diesem im Rechtsverkehr zur
Erfüllung des Ermittlungszwecks gebraucht werden dürfen, erfolgen. Eine Legendierung von
Vertrauenspersonen sieht der Gesetzgeber nicht vor.

5.2.2.4 Zulässigkeit qualifizierter verdeckter Ermittlung

Wie qualifizierte Observationen können auch verdeckte Langzeitermittlungen durch die StA
bei Vorliegen der Voraussetzungen des § 131 Abs 3 StPO für den erforderlich scheinenden
Zeitraum, längstens jedoch für drei Monate, angeordnet und gegebenenfalls verlängert werden
(§ 133 Abs 2 StPO). Auch die weiteren Bestimmungen betreffend qualifizierter Observationen, wie etwa die Befugnisse bei Gefahr in Verzug, sind anzuwenden.

5.2.2.5 Verdeckte Ermittlungen am Beispiel georgischer OK

Um die Problematik der verdeckten Ermittlung an Hand der besonderen Struktur georgischer
OK darzustellen, bedarf es einer systematischen Trennung von VE- und VP Einsatz. Bei den
nachfolgenden Ausführungen wird zur besseren Unterscheidung der Begriff „verdeckter
Ermittler" ausschließlich für Organe der Kriminalpolizei, für Privatpersonen die Begriffe
„Informant" oder „VP" verwendet.

---

[75] Vgl. *Lehner,* JAP 2008/2009/10.
[76] Vgl. *Seiler*, Strafprozesrecht[11] (2010) 136 Rz 487.

5.2.2.6 Einsatz von Informanten

Vertrauenspersonen sind Privatpersonen, die außerhalb des behördlichen Apparates stehen und gelegentlich oder regelmäßig Informationen aus dem Milieu an die Kriminalpolizei herantragen. In der Praxis handelt es sich bei diesen Personen um verurteilte Straftäter. Manchmal sind dies auch andere Individuen, die sich aus der Zusammenarbeit einen Vorteil versprechen[77]. In der Regel besteht dieser Vorteil aus einer finanziellen Entlohnung oder anderen Zuwendungen wie etwa Unterstützung bei Behördenwegen, sofern diese unter Beachtung der geltenden Gesetze möglich ist. Manchmal werden der Behörde aber auch gezielt Informationen zugespielt um die Konkurrenz auszuspielen. Nur selten handeln Informanten ohne dahinterstehendes Motiv. Aus diesem Grund ist es essentiell, bei der VP Führung im Allgemeinen und der Verwertung der übermittelten Informationen im Besonderen die Beweggründe des Informanten nicht aus dem Blick zu verlieren und immer wieder aufs Neue zu beurteilen ob die VP ihren Zweck erfüllt.

Eine hundertprozentige Überprüfung der Vertrauenswürdigkeit einer VP ist kaum möglich. Auch die Registrierung eines Informanten in der Vertrauenspersonenevidenz kann keine abschließende Sicherheit über die Qualität der übermittelten Informationen bieten. So zeigten die bisherigen Erfahrungen der OK-Ermittler des Bundeskriminalamtes, dass im Bereich der organisierten Kriminalität Informanten durchaus auch gezielt der Kriminalpolizei zugespielt werden, um einerseits falsche Informationen zu streuen und andererseits das – mit der Zeit unweigerlich entstehende – Vertrauensverhältnis zwischen der VP und dem VP-Führer auszunutzen, um auf diesem Wege Informationen über den Wissensstand der Ermittler zu bekommen.

Eine wesentliche Barriere bei der VP-Führung im Bereich der georgischen OK bildet das Sprachproblem. Die Gruppierung ist – wie bereits zuvor erläutert – in sich geschlossen und großteils auf die ethnische Zugehörigkeit der ehemaligen UdSSR beschränkt. Gesprochene Sprachen sind hauptsächlich Georgisch und Russisch, eventuell noch weitere Sprachen der ehemaligen Sowjetunion. Die Deutschkenntnisse der Mitglieder beschränken sich zumeist auf das Wesentliche und reichen selten aus, um brauchbare Informationen über die Strukturen zu vermitteln. Die Bereitschaft der Informanten ihre Informationen im Beisein von Dolmetschern weiterzugeben ist äußerst gering, da die Angst vor einer möglichen Aufdeckung durch die Gruppierung zu groß ist. Im Dunstkreis der Gruppierungen gibt es zwar immer wieder deutschsprachige Kontaktpersonen, wie etwa Vermieter, Hehler, Dealer

---

[77] Vgl. *Lehner,* JAP 2008/2009/10.

und andere „Dienstleister", doch sind diese nur selten so weit integriert um über wichtige Informationen zu verfügen.

Ein weiteres, nicht unwesentliches, Problem ergibt sich daraus, dass „gute" Informanten jene sind, die in die Gruppierung integriert und demnach auch mit bestimmten Aufgaben betraut werden. Das Begehen strafbarer Handlungen oder auch die Beteiligung daran ist sowohl polizeilichen verdeckten Ermittlern als auch Vertrauenspersonen jedoch selbst dann untersagt, wenn dies zur Aufrechterhaltung der Legende notwendig wäre. Während VE besondere Schulungen durchlaufen und auch aus Erfahrung wissen, wie sie sich in heiklen Situationen (so etwa beim gemeinschaftlichen Drogenkonsum durch die Kriminellen) aus der Affäre ziehen, werden die meisten VP schon alleine deswegen straffällig, weil die Finanzierung ihres Lebensinhaltes auf dem Einkommen aus strafbaren Handlungen basiert[78]. Darüber hinaus ist die Situation insofern verfahren, als ein Informant, der nicht Teil der Gruppierung mit all ihren Aktivitäten ist, selten einen hohen Wert als Informationsquelle hat. Voll in die Gruppierung integrierte Informanten werden jedoch früher oder später auf Grund ihrer Aktivität festgenommen. In der Folge verweigern sie oftmals die Zusammenarbeit, da sie sich durch die VP-Führer „im Stich gelassen" fühlen. Tatsache ist jedoch, dass jegliche kriminelle Handlungen durch die Informanten von der Kriminalpolizei weder toleriert noch gedeckt werden können.

5.2.2.6.1 Einsatz verdeckter Ermittler

Wie bereits zuvor ausgeführt, handelt es sich bei den zu durchdringenden Strukturen um sprachlich und ethnisch in sich geschlossene. Die Kriminalpolizei steht bei der Infiltrierung somit vor einem Problem. Verdeckte Ermittler können nur mit erhöhtem zeitlichem und finanziellem Aufwand in die Gruppierung eingeschleust werden. Doch selbst wenn sich der VE in der Gruppierung befindet, hindern ihn die oben angesprochenen Barrieren an der Beschaffung vertiefender Informationen. Bis ein VE innerhalb einer Gruppierung den Stellenwert, der eine für die Strukturermittler effektive Informationsbeschaffung möglich macht, erreicht, vergehen oftmals Jahre. Ein derartig langer VE-Einsatz ist jedoch von der StPO nur bedingt gedeckt, zumal das Vorliegen einer bestimmten geplanten Straftat iSd § 131 Abs 2 StPO nicht immer gegeben ist.

Darüber hinaus ist der VE hinsichtlich seiner Wahrnehmungen ein Zeuge wie jeder andere. Probleme der Verwertung ergeben sich allenfalls dann, wenn der verdeckte Ermittler im

---

[78] Vgl. LG Wien 22.09.2008, 142Hv84/08a.

Strafverfahren nicht als Zeuge in Erscheinung treten soll oder will[79]. Nach Meinung der Rsp kann die Identität einer Person, die der Kriminalpolizei unter Zusage der Wahrung ihrer Anonymität Informationen zur Aufklärung einer Straftat zukommen ließ, zwar geheim gehalten werden, hinsichtlich der Wahrnehmungen eines verdeckten Ermittlers ist eine Einvernahme eines anderen Polizeiorgans als Zeuge über die Tatsachen, die diesem durch einen VE zugetragen wurden, jedoch unzulässig[80]. *Bertel* vertritt darüber hinaus die Meinung, dass Informationen, die der verdeckte Ermittler von Beschuldigten erfragt, in der Hauptverhandlung nicht verwertbar sind, da dadurch Bestimmungen über die Befragung von Beschuldigten umgangen werden[81].

Insbesondere beim Langzeiteinsatz verdeckter Ermittler, die bereits auf die Vorgangsweise, die Struktur und mitunter sogar die Sprache bestimmter Gruppierungen geschult sind, wäre eine Einvernahme als Zeuge höchst problematisch. In den meisten Fällen würde dies wohl dazu führen, dass man den Ermittler in diesen Kreisen nicht mehr einsetzen könnte. Die Ausbildung und Erfahrung des VE im Zusammenhang mit der konkreten Gruppierungs-struktur wäre umsonst und die Ermittlungsarbeit wieder um Jahre verzögert. So lange würde es nämlich dauern den nächsten verdeckten Ermittler auf ein Niveau, welches eine Infiltrierung der Gruppierung ermöglichen würde, zu bringen. Daher liegt wohl in diesem Fall der einfachste Zeugenschutz darin, die Belastung durch andere Beweise derartig zu stärken, um nicht auf den VE als Belastungszeugen angewiesen zu sein.

5.2.3 Rechtsschutz bei Observationen und Verdeckten Ermittlungen

Nach Abschluss der Durchführung qualifizierter Observationen oder verdeckter Ermittlungen sieht § 133 Abs 4 StPO nach Beendigung der Maßnahme eine Zustellung der Anordnungen und der Genehmigungen an den Betroffenen vor. Betroffener ist dabei iSd § 48 Abs 1 Z 3 StPO jeder, der durch die Anordnung oder Durchführung einer Zwangs-maßnahme in seinen Rechten unmittelbar beeinträchtigt wurde. Die Zustellung kann aufgeschoben werden, solange durch sie der Zweck der Ermittlungen in diesem oder einem anderen Verfahren gefährdet wäre. Durch die Zustellung öffnet sich dem Betroffenen das Einspruchsrecht gem. § 106 Abs 1 Z 2 StPO. Die Sinnhaftigkeit eines solchen Einspruches bleibt jedoch fraglich, da eine Wiederherstellung des ursprünglichen Zustandes im Falle einer unzulässigen Observation oder einer verdeckten Ermittlung wohl kaum möglich ist. Jedenfalls

---

[79] Vgl. *Fuchs*, Verdeckte Ermittler – anonyme Zeugen, ÖJZ 2001, 495.
[80] *Seiler*, Strafprozeßrecht[11] (2010) 107 Rz 362.
[81] Vgl. *Bertel/Venier*, Strafprozessordnung[4] (2010) 96 Rz 328.

darf das gewonnene Beweismaterial bei Nichtvorliegen der materiellen oder formellen Voraussetzungen nicht zu Lasten des Betroffenen verwendet werden[82].

5.2.4 Datenauskunft und Nachrichtenüberwachung

5.2.4.1 Definitionen und Grundlagen

„Auskunft über Daten einer Nachrichtenübermittlung" ist gem. § 134 Z 2 StPO die Erteilung einer Auskunft über Verkehrsdaten, Zugangsdaten und Standortdaten eines Telekommunikationsdienstes iSd § 94 Abs 3 TKG oder eines Dienstes der Informationsgesellschaft (§ 1 Abs 1 Z 2 NotifikationsG).

Diese Definition umfasst einerseits Standortbestimmungen, also die Auskunft über die Zelle, in der ein bestimmtes Mobiltelefon zu einem bestimmten Zeitpunkt eingeloggt gewesen ist, sowie Rufdatenrückerfassungen. Unter Rufdatenrückerfassung versteht man die Feststellung, welche Teilnehmeranschlüsse Ursprung oder Ziel einer Nachrichtenübermittlung sind oder waren[83].

„Überwachung von Nachrichten" ist das Ermitteln des Inhalts von Nachrichten, die über ein Kommunikationsnetz oder einen Dienst der Informationsgesellschaft ausgetauscht oder weitergeleitet werden. Insbesondere ist diese Bestimmung darauf gerichtet Telefongespräche und E-Mails abzuhören, abzufangen oder aufzuzeichnen[84].

Kein Ermitteln von Inhalten einer Nachricht liegt hingegen vor, wenn Daten aus gem. § 110 Abs 1 oder Abs 3 Z 1 lit. b oder c StPO sichergestellten Mobiltelefonen – wie etwa Nachrichten, Kontakte oder Ruflisten – ausgelesen werden[85].

5.2.4.2 Zulässigkeit

Datenauskunft und Nachrichtenüberwachung sind nach Maßgabe der §§ 135 Abs 2 Z 1 und 2 sowie Abs 3 Z 1 und 2 StPO zulässig, wenn eine Entführung oder Geiselnahme vorliegt oder wenn zu erwarten ist, dass dadurch die Aufklärung einer vorsätzlich begangenen Straftat, die mit einer Freiheitsstrafe von mehr als sechs Monaten bedroht ist, gefördert werden kann und der Inhaber der Maßnahme zustimmt.

Ohne Zustimmung des Anschlussinhabers muss man zwischen der Zulässigkeit von Datenauskünften und Nachrichtenüberwachungen differenzieren:

---

[82] Vgl. *Seiler*, Strafprozessrecht[11] (2010) 137 Rz 494.
[83] Ebd 139 Rz 497f.
[84] Vgl. *Bertel/Venier*, Strafprozessordnung[4] (2010) 98 Rz 335.
[85] *Reindl-Krauskopf*, WK-StPO § 134 Rz 55.

5.2.4.2.1 Zulässigkeit von Datenauskünften (§ 135 Abs 2 Z 3 StPO)

Auskunft über Daten einer Nachrichtenübermittlung ist – außer den Fällen des § 135 Abs 2 Z 1 und 2 StPO – zulässig, wenn zu erwarten ist, dass dadurch die Aufklärung einer vorsätzlich begangenen Straftat, die mit mehr als einjähriger Freiheitsstrafe bedroht ist, gefördert werden kann und auf Grund bestimmter Tatsachen anzunehmen ist, dass auf Grund der Auskunft Daten des Beschuldigten ermittelt werden können.

5.2.4.2.2 Zulässigkeit einer Nachrichtenüberwachung (§ 135 Abs 3 Z 3 StPO)

Über die bereits erläuterten Fälle des Abs 2 Z 1 und 2 hinaus ist die Überwachung von Nachrichten zulässig, wenn dies zur Aufklärung einer vorsätzlich begangenen Straftat, die mit Freiheitsstrafe von mehr als einem Jahr bedroht ist, erforderlich scheint oder die Aufklärung oder Verhinderung von strafbaren Handlungen nach den §§ 278 bis 278b StGB ansonsten wesentlich erschwert wäre. Zusätzlich muss es sich bei der überwachten Person entweder um den Beschuldigten selbst oder um eine voraussichtliche Kontaktperson desselben handeln (§ 135 Abs 3 Z 3 lit a und b).

Die erläuterten Ermittlungsmaßnahmen sind von der Staatsanwaltschaft aufgrund einer gerichtlichen Bewilligung für jenen Zeitraum, der zur Erreichung ihres Zweckes erforderlich scheint, anzuordnen. Eine neuerliche Anordnung ist zulässig, soweit auf Grund bestimmter Tatsachen die Annahme besteht, dass die weitere Durchführung der Ermittlungsmaßnahme Erfolg haben werde. Sobald die Voraussetzungen wegfallen, ist die Maßnahme zu beenden (§ 135 Abs 1 und 3 StPO).

Inhaltliche Anforderungen von Anordnung und Bewilligung solcher Maßnahmen werden durch § 138 StPO geregelt.

5.2.4.3 Anwendungsbereich und Problemerörterung

Bei der Ermittlung von OK-Strukturen findet in erster Konsequenz die Rufdatenrückerfassung Anwendung. Beginnt man damit, Informationen über eine Gruppierung einzuholen, dauert es unter Anwendung der oben geschilderten Methoden nicht lange, bis man zu ersten Erkenntnissen über den Anführer der Gruppierung und seine Führungsebene gelangt. Zu diesen ersten Informationen gehören unter anderem Telefonnummern von Personen, die der Führungsebene angehören oder zu dieser in Kontakt stehen. Rufdatenrückerfassungen ermöglichen im Zusammenspiel mit kriminalpolizeilicher Analysearbeit einen Rückschluss auf Kontakte der rückerfassten Nummern, die dann wiederum einer weiteren Analyse unterzogen werden können. So lässt sich die Struktur der Gruppierung in ihren Grundzügen darstellen und dadurch in weiterer Folge die Notwendigkeit weiterer Maßnahmen – etwa von Telekommunikationsüberwachungen – begründen.

Speziell bei Ermittlungen im Bereich der georgischen OK trifft man auch hier auf das bereits bekannte Sprachproblem. Derzeit sind im Verzeichnis für Gerichtsdolmetscher bundesweit zwei Dolmetscher für die georgische Sprache eingetragen[86]. An den österreichischen Gerichten finden jedoch täglich mehrere Prozesse unter Beteiligung georgischer Staatsangehöriger statt. War früher eine Verständigung in der russischen Sprache möglich, so ist diese Lösung nun bei jungen Prozessbeteiligten aus den Nachfolgestaaten der Sowjetunion nicht mehr gangbar[87].

Des Weiteren sollte man aus beweistaktischen Gründen mindestens einen Dolmetscher, der bei einem Einspruch des Beschuldigten die TKÜ unvoreingenommen nachübersetzen kann, freihalten. Die zuvor genannten Umstände allein weisen bereits einen deutlichen Mangel an Dolmetschern aus. Den Strafverfolgungs- und Justizbehörden bleibt folglich nichts Anderes übrig, als auf nicht gerichtlich zertifizierte Dolmetscher zurückzugreifen.

Einen vertrauenswürdigen Dolmetscher für die Durchführung einer Telefonüberwachung zu finden, gestaltet sich nicht immer einfach. In Georgien wird, kulturell bedingt, der Gedanke der Großfamilie gelebt und diese Familienbande sind sehr eng. Darüber hinaus ist die nationale Kommune in Österreich überschaubar, was dazu führt, dass Dolmetscher unter Umständen nicht neutral an die Übersetzung herangehen. Weiters kommt es erfahrungsgemäß aufgrund der aufgezählten Faktoren vor, dass Dolmetscher Angst vor der Gruppierung und den Folgen, wenn diese hinter den „Verrat" kommt, haben und aus diesem Grund die Übersetzung verweigern, sobald sie das Vorhandensein von OK-Strukturen erkennen.

Neben dem Sprach- und Dolmetscherproblem kommt hinzu, dass die Verdächtigen im Zuge der Telefonate wiederholt auf Milieu- oder sogar Codesprache zurückgreifen. Während die Sprache des russischen Milieus auf Grund der gesellschaftlichen Strukturen und der intensiven Aufarbeitung durch die russischen Medien (so etwa in Büchern, Filmen und Serien) großteils bekannt ist, dauert es bei der Verwendung von Codesprache mitunter einige Zeit, bis die verwendeten Begriffe so weit entschlüsselt sind, dass die dahinterstehende Botschaft erfasst werden kann.

---

[86] Verzeichnis der Gerichtsdolmetscher, Stand 16.08.2010.
[87] Vgl. *Scheiber*, Dolmetschen bei Gerichten und Behörden, RZ 2006, 262.

Darüber hinaus steigt mit der Zahl der Verurteilungen auch die Sensibilisierung der Kriminellen für die technischen Möglichkeiten, welche der Gesetzgeber bereitstellt. Mobiltelefone werden bei der Begehung strafbarer Handlungen nicht mehr so sorglos wie zuvor mitgenommen, um das Risiko einer Standortpeilung in Übereinstimmung mit dem Tatort gering zu halten. Telefonate werden kurz gehalten und nur das Notwendigste besprochen. SIM Karten werden häufig gewechselt, wobei unangemeldeten Wertkarten der Vorzug gegeben wird. Viele Gespräche finden – nicht zuletzt aufgrund der internationalen Vernetzung – auch via Internet statt, was die Ermittlungen zusätzlich erschwert[88].

5.2.5 Optische und akustische Überwachung von Personen

5.2.5.1 Begriffserklärung

Die optische und akustische Überwachung von Personen ist in den §§ 136 ff StPO geregelt. Der Legaldefinition des § 134 Z 4 StPO zufolge versteht man darunter die Überwachung des Verhaltens von Personen unter Durchbrechung ihrer Privatsphäre und die Überwachung der Äußerungen von Personen, die nicht zur unmittelbaren Kenntnisnahme Dritter bestimmt sind, unter Verwendung technischer Mittel zur Bild- oder Tonaufnahme, ohne Kenntnis des Betroffenen. Das Beobachten von Verhaltensweisen oder Mithören von Gesprächen ohne Einsatz technischer Mittel ist ohne Einschränkung zulässig. Auch Verhaltensweisen oder Gespräche in der Öffentlichkeit, die von jedem Dritten beobachtet oder mitgehört werden können, dürfen ohne Beschränkung überwacht werden[89].

Von dieser Regelung sind insbesondere der Lausch- und Spähangriff sowie der Einsatz von Videofallen umfasst. In der Literatur wird zwischen „kleinem" und „großem" Lauschangriff unterschieden. Während man unter dem „kleinen" Lauschangriff das Abhören und Aufzeichnen von Gesprächen im Beisein eines VE versteht, wird der „große" Lauschangriff als *„kontrolliertes Abhören oder Aufzeichnen von Gesprächen durch die Sicherheitsbehörden ohne Beisein eines Beamten"* definiert. Dabei werden durch den Einsatz von Richtmikrofon, Wanzen (vor allem in Wohnungen) und anderen Mitteln fremde Gespräche abgehört und aufgezeichnet[90].

---

[88] LG Wien 22.09.2008, 142Hv84/08a.
[89] *Seiler*, Strafprozessrecht[11] (2010) 141 Rz 503.
[90] *Aichinger*, Der Lauschangriff für Sicherheits- und Kriminalpolizei, JAP 1996/97, 119.

Ziel dieser Ermittlungsmaßnahmen ist die Übertragung und / oder Aufzeichnung eines nicht öffentlichen Verhaltens oder nicht öffentlicher Äußerungen zur Verwendung in einem Strafverfahren[91].

5.2.5.2 Zulässigkeit

Grundsätzlich ist die Vornahme einer akustischen oder optischen Überwachung von Personen bei Entführungen (§ 136 Abs 1 Z 1 StPO), verdeckten Ermittlungen (§ 136 Abs 1 Z 2 StPO) sowie zur Aufklärung schwerwiegender Delikte, so insbesondere der §§ 278a und 278b StGB, zulässig (§ 136 Abs 1 Z 3 StPO). Darüber hinaus darf eine bloße Objektüberwachung, also der Einsatz einer Videofalle außerhalb durch das Hausrecht geschützter Räume gem. § 136 Abs 3 Z 1 StPO zur Aufklärung jedes Deliktes vorgenommen werden[92]. Die Zulässigkeit der Durchführung einer solchen Maßnahme innerhalb einer Wohnung oder anderer durch das Hausrecht geschützter Räume ist jedoch an das Vorliegen einer vorsätzlich begangenen Straftat, die mit Freiheitsstrafe von mehr als einem Jahr bedroht ist oder an die ausdrückliche Einwilligung des Inhabers der überwachten Räumlichkeit gebunden (§ 136 Abs 3 Z 2 StPO).

Weiters normiert § 136 Abs 4 StPO, dass eine Überwachung nur bei Wahrung der Verhältnismäßigkeit zulässig ist. Demnach darf die Maßnahme, selbst wenn sie notwendig scheint, weil die Aufklärung oder die Verhinderung der genannten Straftaten sonst aussichtslos wäre, nur dann durchgeführt werden, wenn sie nicht außer Verhältnis zum Zweck steht. Zur Verhinderung von Straftaten iSd §§ 278a und 278b StGB ist die Maßnahme nur insoweit zulässig, als bestimmte Tatsachen auf eine schwere Gefahr für die öffentliche Sicherheit schließen lassen. Eine solche schwere Gefahr ist nur dann anzunehmen, wenn es um Taten, die aus der üblichen Kriminalität herausragen, geht[93].

5.2.5.3 Anwendungsbereich

Während die Videofalle (§ 136 Abs 3 StPO) im Rahmen kriminalpolizeilicher Ermittlungen immer wieder zur Anwendung gelangt, kommt dem Lausch- und Spähangriff im Ermittlungsalltag eine weitaus geringere Bedeutung zu. Diese Maßnahme als bedeutungslos zu bezeichnen, wäre jedoch verfehlt. Gerade auf dem Bereich der OK-Bekämpfung stellt insbesondere der Lauschangriff eine oftmals unvermeidbare Maßnahme dar, deren Zweck es

---

[91] Vgl. *Wegscheider/Birklbauer*, Strafprozessrecht[4] (2010) 108.
[92] Vgl. *Seiler*, Strafprozessrecht[11] (2010) 142 Rz 512f.
[93] *Reindl-Krauskopf*, WK-StPO (2009) § 136 Rz 22.

ist, an die Hintermänner von kriminellen Organisationen heranzukommen, und insbesondere auch Beweismaterial über kriminelle Aktivitäten solcher Organisationen zu bekommen[94].

Als Paradefall für den möglichen Einsatz eines Lauschangriffes findet sich in der Literatur wiederholt ein Treffen der russischen Mafia im Jahr 1994 in einem Wiener Hotel. Damals wurde den Sicherheitsbehörden bekannt, dass eine größere Gruppe – identifizierter – Führungspersönlichkeiten der russischen OK ein Treffen zur Verteilung der künftigen Einflusssphären zwischen den einzelnen russischen kriminellen Gruppierungen in Österreich plante. Da es zu dieser Zeit das rechtliche Instrumentarium des Lauschangriffes noch nicht gab, mussten sich die Sicherheitsbehörden auf die Erfassung der Personengruppe und die Wahrnehmung der Abreise beschränken[95].

Aber auch bei der Bekämpfung georgischer OK hat sich der Lauschangriff bereits als wirksam erwiesen und wurde, wie Beamte der Zentralstelle zur Bekämpfung organisierter Kriminalität in Österreich in einem Interview mitteilten, unter anderem bei der Aufdeckung einer georgischen kriminellen Organisation im Jahr 2006 erfolgreich eingesetzt.

Die Problemstellung bei der Durchführung eines Lauschangriffes im Hinblick auf die Ermittlungen deckt sich überwiegend mit jener, die bei Telefonüberwachungen besteht. In erster Linie ist dies das Dolmetscherproblem, welches bei der Durchführung eines großen Lauschangriffes insofern verstärkt auftritt, als bereits im Zuge der Maßnahme mehrere Dolmetscher herangezogen werden müssen.

In der Praxis wird diesem Umstand insofern Rechnung getragen, als die Durchführung eines Lauschangriffes in letzter Konsequenz erst nach Ermittlung umfangreicher Erkenntnisse mit Hilfe der zuvor beschriebenen Ermittlungsmethoden erfolgt.

5.2.6 Rechtsschutz bei Informationseingriffen

Die geschilderten Maßnahmen zeichnen sich allesamt durch schwerwiegende Eingriffe in Grundrechte aus. Überwachungen von Nachrichten sowie Video- und Audioüberwachungen von Personen greifen in das Grundrecht auf Achtung des Privat- und Familienlebens (Art 8 EMRK) ein. Der „große" Lauschangriff, für den im Regelfall ein Eindringen in die Wohnräumlichkeiten zwecks Anbringens einer Wanze oder eines Senders erforderlich ist, bildet darüber hinaus auch einen Eingriff in das Grundrecht auf Achtung der Wohnung[96].

---

[94] Vgl. *Aichinger*, JAP 1996/97, 119.
[95] Vgl. *Lepuschitz*, Technische Überwachung von Personen zur Bekämpfung organisierter Kriminalität (1999).
[96] Vgl. *Aichinger*, JAP 1996/97, 119.

Der Beschuldigte hat gem § 139 Abs 1 StPO das Recht, die gesamten Ergebnisse der Ermittlung einzusehen und anzuhören. Soweit berechtigte Interessen Dritter dies erfordern hat die Staatsanwaltschaft jedoch Teile der Ergebnisse, die nicht für das Verfahren von Bedeutung sind, von der Kenntnisnahme durch den Beschuldigten auszunehmen. Dies gilt nicht, wenn während der Hauptverhandlung von den Ergebnissen Gebrauch gemacht wird. Soweit ihre Rechte betroffen sind haben auch andere von der Durchführung der Ermittlungsmaßnahme betroffene Personen das Recht die sie betreffenden Erkenntnisse einzusehen (§ 139 Abs 2 StPO). Darüber hinaus ist der Beschuldigte berechtigt die Übertragung weiterer bedeutsamer Ergebnisse in Bild- oder Schriftform (§ 139 Abs 3 StPO) oder auch die Vernichtung einzelner, für das Beweisverfahren nicht verwertbarer oder bedeutungsloser Ergebnisse zu beantragen.

Des Weiteren normiert § 140 StPO ein Verwertungsverbot von rechtswidrig erlangten Ergebnissen iSd § 134 Z 5 StPO. Darunter versteht man Daten einer Nachrichtenübermittlung, den Inhalt übertragener Nachrichten sowie die Bild- oder Tonaufnahme einer Überwachung. Ein rechtswidriges Erlangen liegt insbesondere dann vor, wenn die oben angeführten formellen oder materiellen Zulässigkeitsvoraussetzungen nicht gegeben waren und hat die Nichtigkeit des Beweismittels zur Folge.

5.2.7 Automationsunterstützter Datenabgleich - Rasterfahndung

5.2.7.1 Begriffserklärung

Im Sinne des § 141 Abs 1 StPO ist „Datenabgleich" der automationsunterstützte Vergleich von Daten (§ 4 Z 1 DSG 2000) einer Datenanwendung, die bestimmte den mutmaßlichen Täter kennzeichnende oder ausschließende Merkmale enthält, mit Daten einer anderen Datenanwendung die solche Merkmale enthält, um Personen, die aufgrund dieser Merkmale als Verdächtige in Betracht kommen, festzustellen. Der Begriff der „Rasterfahndung" ist bei näherer Betrachtung also nichts Anderes als das was OK-Ermittler schon seit jeher machen: die systematische Auswertung, Kreuzung und Überarbeitung verschiedener Daten und Erkenntnisse über Personen, um auf diesem Wege zur Identifizierung von Kriminellen zu gelangen[97].

Der Unterschied zwischen der Alltagsarbeit der Kriminalpolizei und dem automationsunterstützten Datenabgleich iSd StPO besteht lediglich darin, dass die StPO in der Regelung der §§ 141ff eine programmunterstützte Überprüfung mehrerer Datenbestände vorsieht. Diese

---

[97] Vgl. *Tarfusser*, Rasterfahndung, in Enquete 1995 (1996), 86.

werden auf bestimmte Prüfungsmerkmale hin untersucht und die einzelnen ermittelten Teilmengen miteinander verglichen[98].

Eine grundlegende Unterscheidung erfolgt zwischen dem Begriff der „kleinen" und „großen" Rasterfahndung. Unter einer „kleinen" Rasterfahndung versteht man den Abgleich jener Daten, die Gerichte, Staatsanwaltschaften und Sicherheitsbehörden für Zwecke eines bereits anhängigen Strafverfahrens oder sonst auf Grund bestehender Bundes- oder Landesgesetze ermittelt oder verarbeitet haben (§ 141 Abs 2 StPO). Eine „große" Rasterfahndung beinhaltet darüber hinaus Daten, die Gerichten und Staatsanwaltschaften sowie der Kriminalpolizei im Wege der Amtshilfe mitgeteilt wurden, sowie den Abgleich in privaten Datenbanken wie etwa Konsumentendatenbanken (§ 141 Abs 3 StPO).

5.2.7.2 Zulässigkeit und Anwendung

Die Durchführung einer Rasterfahndung ist iSd § 142 Abs 1 StPO von der Staatsanwaltschaft aufgrund einer gerichtlichen Bewilligung anzuordnen. Die Zulässigkeitsvoraussetzungen sind in § 141 Abs 2 und 3 StPO geregelt und differenzieren zwischen der Zulässigkeit von „kleiner" und „großer" Rasterfahndung. Die Durchführung einer „großen" Rasterfahndung wäre zwar etwa zum Zwecke der Bekämpfung organisierter Kriminalität zulässig, fand in Österreich auf Grund des damit verbundenen Aufwandes jedoch bisher noch nie statt[99].

5.3 Exkurs: Datenbanken

Wie aus dem bisher Geschriebenen hervorgeht bedienen sich kriminelle Organisationen des postsowjetischen Einflussbereiches eines komplexen Schemas, welches nicht zwingend ausschließlich aus Straftätern besteht. Um die nähergebrachten Strukturen zu durchdringen und bekämpfen zu können bedarf es als wesentliches kriminalpolizeiliches Werkzeug der Analyse. Man unterscheidet zwischen strategischer und operativer Analyse. Während unter strategischer Analyse die Erstellung von Lagebildern, also abstrakter, nicht personenbezogener Übersichten über den „Stand", die Ursachen und der Entwicklungstendenzen der Kriminalität verstanden wird, werden im Rahmen der operativen Analyse personenbezogene Informationen verarbeitet um Strukturen krimineller Verbindungen sichtbar zu machen[100].

---

[98] Vgl. *Seiler*, Strafprozessrecht[11] (2010) 144 Rz 522.
[99] Vgl. *Bertel/Venier*, Strafprozessrecht[3] (2008) 99 Rz 341.
[100] Vgl. *Lepuschitz/Schindler*, SPG[5] (2008) 153.

5.3.1 gesetzliche Grundlagen

Zu diesem Zweck werden die Sicherheitsbehörden durch § 53 Abs 4 SPG ermächtigt personenbezogene Daten aus allen verfügbaren Quellen durch Einsatz geeigneter Mittel, insbesondere durch Zugriff auf allgemein zugängliche Daten, zu ermitteln und weiterzuverarbeiten. Die Unbegrenztheit der Quellen im Sinne dieser Bestimmung ist durch den Gesetzgeber beabsichtigt[101]. Insbesondere versteht man unter allgemein zugängliche Daten auch Daten aus öffentlichen Telefonbüchern, allgemein einsehbaren Registern und dem öffentlich zugänglichen Teil des Internet[102].

§ 53a Abs 2 SPG schafft die Grundlage zur Einrichtung von Analysedatenbanken zum Zwecke der operativen Kriminalanalyse. Derartige Datenbanken sind unter Benachrichtigung des Rechtsschutzbeauftragten (§ 91c Abs 2 SPG) einzurichten. Die Einrichtung darf entweder nach Ablauf einer Drei-Tages-Frist oder bei Vorliegen einer entsprechenden Äußerung des Rechtsschutzbeauftragten erfolgen[103].

§ 53a Abs 4 SPG normiert die Zulässigkeit der Verarbeitung jener Daten, welche für Zwecke der strategischen und operativen Analyse herangezogen werden können. Dabei erfolgt eine systematische Unterteilung in Daten von Verdächtigen, Opfern und Zeugen, Kontakt- oder Begleitpersonen sowie Informanten. Die Speicherung hat insbesondere unter Beachtung der Fristen des Abs 6 zu erfolgen. Konkret sind dies maximal drei Jahre bei Verdächtigen, Kontakt- und Begleitpersonen sowie Informanten und maximal ein Jahr bei Opfern oder Zeugen. Bei Kontakt- und Begleitpersonen sind die Daten darüber hinaus bei Wegfall ausreichender Speicherungsgründe zu löschen.

5.3.2 Problembereiche

Operative Kriminalanalyse zeichnet sich durch besondere datenschutzrechtliche Sensibilität aus, da nicht nur Informationen über Täter und Verdächtige, sondern auch Begleit- und Kontaktpersonen, Zeugen, Informanten und Opfer verwertet werden[104]. Aus diesem Grund erfolgt die erläuterte, restriktive Einschränkung der Speicherungsdauer in kriminalpolizeilichen Analysedatenbanken.

Besonders bei der Bekämpfung organisierter Kriminalität ist jedoch eine Unterscheidung zwischen Tätern, bloßen Kontaktpersonen und eventuell sogar Opfern nicht immer eindeutig

---

[101] Vgl. *Lepuschitz/Schindler*, SPG[5] (2008) 157.
[102] Vgl. *Hauer/Keplinger*, SPG[11] (2010) 171.
[103] Ebd 175.
[104] Vgl. *Lepuschitz/Schindler*, SPG[5] (2008) 163.

möglich. Besonders letztere kommen, wie bereits erläutert, immer wieder aus dem unmittelbaren Umfeld der Täter und spielen bei der Analyse eine nicht unwesentliche Rolle. Darüber hinaus sind die Fristen des § 53a Abs 6 bei näherer Betrachtung zur Bekämpfung organisierter Kriminalität nicht praktikabel.

So wurde im oben geschilderten Fall „Glechovich", der „Dieb im Gesetz" welcher die ausgeforschte Gruppierung anführte, zu einer unbedingten Freiheitsstrafe in der Höhe von drei Jahren verurteilt[105]. Betrachtet man die Bestimmung des § 53a Abs 6 in diesem Licht und zieht insbesondere in Betracht, dass die Speicherung der Daten im Zuge der Strukturermittlungen lange Zeit vorher erfolgt, so ergibt sich, dass die Ermittler nach Freilassung des „Diebes" bei einer neuerlichen (weiteren) Beobachtung dieser – bereits bekannten – Gruppierung nicht mehr auf die bisher erlangten Erkenntnisse zurückgreifen können, sondern die gesamte Analyse von neuem durchführen müssen.

Der Umstand, dass besagter „Dieb" im Zuge der „Operation Java" erneut als einer der Anführer der kriminellen Organisation festgestellt und festgenommen wurde, weist deutlich darauf hin, dass die Organisation als solche durch eine Festnahme einer führenden Person bei weitem nicht zerschlagen wird, sondern dass sich die Personen nach ihrer Freilassung nahtlos in die weiterbestehenden Strukturen einfügen.

Während bei regionalen kriminellen Gruppen geringen Organisationsgrades eine Festnahme der Führungsebene durchaus geeignet wäre diese nachhaltig zu zerstören, trifft dies bei international tätigen Organisationen, wie etwa die der „Diebe im Gesetz" nicht zu. Vielmehr stärkt dies die Organisation insofern als der Erkenntnisstand der Ermittler praktisch auf Null zurückgesetzt wird.

---

[105] LG Wien 22.09.2008, 142Hv84/08a.

6 Schlusswort

Ermittlungen zur Bekämpfung organisierter Kriminalität bilden sowohl für die Kriminalpolizei als auch für die Staatsanwaltschaften eine Herausforderung. Auf Grund der zuvor beschriebenen Strukturen kommt man nicht umhin auf Maßnahmen zurückzugreifen, die einen schwerwiegenden Eingriff in das Privatleben von Verdächtigen, aber auch Unbeteiligten bilden. Einerseits ist es die natürliche Aufgabe der Polizei über Kriminelle und auch dringend Verdächtige ein breites Wissen zu haben und dieses ständig auf dem Laufenden zu halten. Andererseits erfordert die Möglichkeit des Eingriffes in Grundrechte von Unschuldigen eine ständige Gratwanderung durch die Ermittler.

„Die organisierte Kriminalität ist eine Krake, welche mit ihren vielen Armen – nämlich den kriminellen Vereinigungen – global agitiert, um Macht auszuüben und riesige Gewinne zu schaffen. Sie ist vielschichtig und mehrdimensional und erfordert zu ihrer Enttarnung nicht nur deliktische und strukturelle, sondern auch historisch-kulturelle, geographische und vor allem ethnische Sichtweisen" [106].

Diese Schlussfolgerung von *Pretzner* kann man nur unverändert wiedergeben. Wie aus der vorliegenden Arbeit ersichtlich ist auch die Problematik im Zusammenhang mit der Bekämpfung georgischer organisierter Kriminalität in erster Linie an ein strukturelles und vor allem auch historisch-kulturelles Verständnis des Gruppierungsaufbaus gebunden. Wie die Erfahrung der letzten Jahre gezeigt hat, kann man mit der vorhandenen gesetzlichen Grundlage im Zuge der Durchführung konkreter Ermittlungen durchaus arbeiten. Problematisch gestaltet sich allerdings die bloße Beobachtung krimineller Organisationen, insbesondere im Hinblick auf die Verwertung der erlangten Erkenntnisse für die Zwecke der operativen Kriminalitätsanalyse und der damit verbundenen Speicherung von Daten.

Zur Ermöglichung einer effizienten Bekämpfung derart strukturell ausgeprägter, weitgreifender Organisationen wie jener der „Diebe im Gesetz", wäre aus der Sicht der Autorin dieser Arbeit eine Anpassung der Gesetzeslage unerlässlich. Die seit der Kundmachung des Bundesgesetzes zur Bekämpfung organisierter Kriminalität[107] am 19.08.1997 geltende und wiederholt angepasste Gesetzeslage ist zweifelsohne ein Schritt in die richtige Richtung. Man kann jedoch nicht von der Hand weisen, dass Mitglieder international agierender krimineller

---

[106] *Pretzner*, Das organisierte Verbrechen mit besonderer Beachtung der Geldwäscherei (2000)
[107] BGBl. I Nr. 105/1997

Organisationen, insbesondere durch Gewährleistung eines umfassenden Datenschutzes, eine gewisse Protektion seitens des Gesetzgebers genießen.

Wie bereits erwähnt ist der Grat zwischen der Bekämpfung organisierter Kriminalität und dem rechtsstaatlichen Schutz der Grundrechte ein sehr schmaler. Das Bedürfnis nach Datenschutz besteht unumstritten und ist auch absolut notwendig, um die Rechtsstaatlichkeit zu wahren. Allerdings ist es fraglich, ob diesem Bedürfnis nach Datenschutz Unschuldiger, bloßer „Kleinkrimineller" oder aber international agierender schwerkrimineller Täter, die ihre gesamte Existenz auf die Begehung von Straftaten ausgerichtet haben, gleichermaßen entsprochen werden sollte.

Aus diesem Grund scheint die Schaffung eines Gesetzes zur Bekämpfung schwerer und organisierter Kriminalität – etwa nach Vorbild des RICO Acts[108] – durchaus notwendig und praktikabel.

Ein solches Gesetz, das ausschließlich zur Bekämpfung international agierender krimineller Organisationen anwendbar wäre, hätte den Vorteil, dass eine funktionelle Abgrenzung der Befugnisse gegenüber der Verfolgung von regionalen kriminellen Verbindungen, oder gar Einzeltätern, erfolgen könnte. Eine Trennung von Befugnissen mit eindeutiger Regelung des Anwendungsbereiches könnte einerseits allfälligen Missbräuchen durch Dehnung der bestehenden Bestimmungen durch Strafverfolgungsbehörden entgegentreten, andererseits die Kontrolle bestehender bekannter krimineller Strukturen durch erweiterte Befugnisse, insbesondere auf dem Bereich der Datengewinnung, –verarbeitung und –speicherung, intensivieren. Natürlich wäre das Ziel dieses Gesetzes nicht die Aufdeckung bloß national agierender extremistischer Gruppierungen mit einer einfachen Organisationsstruktur und müsste die Ausübung der Befugnisse über die Zulässigkeit hinaus, einer umfassenden rechtlichen Kontrolle unterworfen sein.

Weiters sollte zur Gewährleistung eines umfassenden Rechtsschutzes und zum Schutz vor Missbrauch der Bestimmungen, die Anwendung des Gesetzes ausschließlich jenen Strafverfolgungsbehörden vorbehalten sein, die auf die Bekämpfung organisierter Kriminalität spezialisiert sind. Des weiteren wäre denkbar, dass der Anwendungsbereich dieses Gesetzes

---

[108] Das Bundesgesetz „18 U.S.C. §§ 1961-1968" wendete sich ursprünglich vor allem gegen das „Racketeering" der amerikanischen „La Cosa Nostra" und gegen die Vorgänge innerhalb der Gewerkschaften, insbesondere der Transportgewerkschaft der Teamsters. Es stellt in den Vereinigten Staaten ein mächtiges rechtliches Hilfsmittel zur Bekämpfung und Verurteilung von kriminellen Aktivitäten von Mobstern und kriminellen Vereinigungen des organisierten Verbrechens dar.
http://de.wikipedia.org/wiki/Racketeer_Influenced_and_Corrupt_Organizations_Act (26.08.2010)

nur zur Ermittlung bereits weitgehend bekannter Strukturen (also erwiesenermaßen international tätiger Gruppierungen) oder bei nachweislicher Erfüllung der OK-Kriterien (siehe Punkt 2.2) offen steht.

Dieses Thema bietet allerdings ausreichend Stoff, um in einer separaten wissenschaftlichen Arbeit einer näheren Betrachtung zugeführt zu werden.

7 Abbildungsverzeichnis

Deckblatt: „Der Tod den Hündinnen, das Leben den Dieben". Die Abtrünnigen des Diebesgesetzes sollen sterben. Zeichen der Diebe im Gesetz.
Quelle: http://tramps.my1.ru/photo/foto/2-0-517

Abb. 1 – Quelle: http://pressa.irk.ru/images/editions/sm/2005/n16/icon.jpg

Abb. 2 – hierarchischer Aufbau einer Teilgruppierung inkl. Geldfluss des „Obschag-Geldes"

Abb. 3 – Internetbericht im „russischen" Internet über die Strafvollzugsanstalt Leoben.

Abb. 4 – div. Zeitungsartikel über die Festnahme eines „Diebes im Gesetz" am 16.9.2006

8 Literaturverzeichnis

Aichinger, Der Lauschangriff für Sicherheits- und Kriminalpolizei, JAP 1996/97, 119

Ainedter/Bartl/Claus/Schreiner, Zum Entwurf eines Bundesgesetzes über besondere Ermittlungsmaßnahmen zur Bekämpfung schwerer und organisierter Kriminalität, AnwBL 1996, 305

Bertel/Venier, Strafprozessrecht[4] (2010)

Birklbauer/Keplinger, Strafgesetzbuch. Polizeiausgabe[22] (2010)

Birklbauer/Keplinger/Tischlinger, Strafprozessordnung. Polizeiausgabe[4] (2010)

Burgstaller, in Enquete des Bundesministeriums für Justiz und – Inneres am 11. und 12. Oktober 1995, Organisierte Kriminalität – Professionelle Ermittlungsarbeit. Neue Herausforderungen (1996), 16
(*dieses Werk wird auf Grund der Länge des Titels unter dem Kurztitel „Enquete 1995" zitiert*)

Europol, European Union Organized Crime Report (2004)

Foregger/Fabrizy, Strafgesetzbuch Kurzkommentar[10] (2010)

Fuchs, Neue Ermittlungsmaßnahmen und Eingriffsbefugnisse zur Bekämpfung organisierter Kriminalität, in Enquete 1995 (1996), 194

Fuchs, Verdeckte Ermittler – anonyme Zeugen, ÖJZ 2001, 495

Fuchs/Ratz, Wiener Kommentar zur Strafprozessordnung[2] (2008)

Hauer/Keplinger, Sicherheitspolizeigesetz. Polizeiausgabe[11] (2010)

Höpfel/Ratz, Wiener Kommentar zum Strafgesetzbuch[2] (2006)

Lehner, Grundlagen der verdeckten Ermittlung, JAP 2008/2009/2010, 72

Lepuschitz, Technische Überwachung von Personen zur Bekämpfung organisierter Kriminalität (1999)

Lepuschitz/Schindler, Das österreichische Sicherheitspolizeigesetz. SPG und Nebenbestimmungen mit ausführlichen Anmerkungen[5] (2008)

Pilnacek, Zum Einsatz technischer Mittel, in Enquete 1995 (1996), 44

Pretzner, Das organisierte Verbrechen mit besonderer Beachtung der Geldwäscherei (2000)

Pühringer, Die kriminelle Transformation. Aufstieg, Macht und Einfluss der organisierten
    Kriminalität im postkommunistischen Russland (2006)

Quiring, Organisierte Kriminalität – Die informelle Institutionalisierung von
    Eigentumsrechten in Russland, OEI Arbeitspapiere 28/2000

Roth P.E., Organisierte Kriminalität in Russland. Die Rolle der „Diebe im Gesetz",
    Kriminalistik 11/2000, 725

Scheiber, Dolmetschen bei Gerichten und Behörden. Grundsätzliche Gedanken zum Thema
    aus Anlass der Enquete „Gerichtsdolmetschen" vom 02.10.2006 in Wien, RZ 2006, 262

Schmid, Gnadenlose Brüderschaften: Aufstieg der russischen Mafia (1996)

Seiler, Strafprozessrecht[11] (2010)

Shalikashvili, „Diebe im Gesetz": Eine kriminelle Organisation im deutschen
    Jugendstrafvollzug? (2006)

Skoblikow, Über kriminelle („diebische") Traditionen und Normen bei der Belegung von
    Streitfällen in Russland Anfang der 1990er Jahre, Kriminalistik 1/2006, 46

Skoblikow, Vermögensstreitigkeiten und Schattenjustiz im postsowjetischen Russland (1991-
    2001), Kriminalistik 1/2005, 19

Tarfusser, Rasterfahndung, in Enquete 1995, 86

Thanner/Vogl, Sicherheitspolizeigesetz[4] (2010)

Uesseler, Herausforderung Mafia. Strategien gegen Organisierte Kriminalität (1993)

Wegscheider/Birklbauer, Strafprozessrecht[4] (2010)

Die Autorin

Elena Scherschneva-Koller wurde 1983 in Moskau geboren. Nach abgeschlossener polizeilicher Grundausbildung und mehreren Jahren praktischer Erfahrung in der Zentralstelle zur Bekämpfung der organisierten Kriminalität sowie der Austrian Financial Intelligence Unit im österreichischen Bundeskriminalamt absolvierte die Autorin das Studium der Rechtswissenschaften an der Johannes Kepler Universität Linz. Neben der freiberuflichen Tätigkeit als Redakteurin für kriminalpolizeiliche und wissenschaftliche Zeitschriften widmet sich die Autorin im Rahmen des Doktoratsstudiums der Rechtswissenschaften der Erforschung von Erscheinungsformen organisierter Kriminalität des postsowjetischen Einflussbereiches sowie der im österreichischen Recht verankerten Ermittlungsbefugnisse zur Bekämpfung schwerer und organisierter Kriminalität und der Geldwäscherei.

www.ingramcontent.com/pod-product-compliance
Lightning Source LLC
Chambersburg PA
CBHW050928030726
47586CB00005B/1585